Eduard Reich

Der Staat der Zukunft

Eduard Reich

Der Staat der Zukunft

ISBN/EAN: 9783743444928

Hergestellt in Europa, USA, Kanada, Australien, Japan

Cover: Foto ©ninafisch / pixelio.de

Manufactured and distributed by brebook publishing software (www.brebook.com)

Eduard Reich

Der Staat der Zukunft

DER STAAT DER ZUKUNFT.

GEDANKEN

ÜBER DIE

NATÜRLICHEN GRUNDLAGEN

DES

GESELLSCHAFTLICHEN LEBENS.

VON

EDUARD REICH.

LEIPZIG.
VERLAG VON BERNHARD SCHLICKE
(BALTHASAR ELISCHER).
1879.

Druck von Oskar Bonde in Altenburg.

Vorwort.

Der eigentliche Fortschritt der wahren Gesittung kann nur darin bestehen, dass die Sympathie immer mehr in den Vordergrund tritt und an intensiver gleichwie extensiver Ausbildung zunimmt, während der Egoismus immer mehr in den Hintergrund tritt und an Intensität und Extensität regelmässig abnimmt. Auf diese Weise vollzieht sich der Uebergang der Barbarei in Gesittung, gewinnt wahre Civilisation Dauer und Bestand, das menschliche Dasein die erforderliche innere und äussere Sicherheit, und der Kampf um das Leben wird auf Grund vollster Solidarität der Menschen gegen die mechanischen Gewalten der Natur und nicht mehr gegen den Mitbruder gekämpft.

In der höchsten Cultur werden nicht mehr die selbstsüchtigen, sondern nur die liebenswürdigen Seiten und Neigungen der Seele gepflegt und entwickelt. Dass dies überhaupt möglich ist, sehen wir alle Tage bei nicht gerade wenigen Menschen, die aus guter Rasse und Familie entsprossen sind und guter Erziehung theilhaftig wurden, auch — dies jedoch sehr ausnahmsweise — bei den Gliedern schlechter Rassen, entarteter Familien, die der Wohlthat rechter Erziehung niemals genossen.

Dass bei der grossen Mehrzahl der Menschen die egoistischen Neigungen in den Vordergrund treten, die sympathischen mit Gewalt zurückgedrängt werden, kommt lediglich von der geringen Macht des moralischen Elements in den veräusserlichten Religionen, deren Geist und Inhalt immer mehr verfliegt und sich auflöst, und von der Herrschaft des egoistischen Princips in Staat, Gesellschaft und allen Theilen des Lebens, die umso grösser wird, je mehr die Wirkung des Gegengewichts der Religion nachlässt.

Man muss also zunächst an der Reinigung der Religion arbeiten, diese letztere zu dem wahren Lebenselemente alles Daseins gestalten, und auf den Grundsäulen der Religion der selbstlosen Liebe den Bau der Gesellschaft erheben: man muss das Princip des Tantum-quantum durch das Princip der Sympathie ersetzen.

Es ist dies überall möglich, in kleinen und in grossen Gesellschaften, überall möglich, wo mit naturgemässer Entwickelung des Herzens in gesundem Leibe guter Wille sich verbindet und der Geist einigermaassen frei sich machte von den Fesseln der Theorieen und vorgefassten Meinungen.

Mancherlei Phrasen, wie zum Beispiele, dass die Erde kein Himmel, der Mensch kein Engel sei, werden allen Versuchen, das Leben und den Menschen zu veredeln und zu bessern, entgegengeschleudert. Dies scheint mir weit mehr ein Ausdruck von Denkfaulheit, Blasirtheit, Kurzsichtigkeit und Pessimismus zu sein, als von wahrer Kenntniss des Wesens und der Geschichte des Erdensohnes Zeugniss zu geben, mehr auf Erschlaffung des Urhebers hinzuweisen, als Thatkraft, Weisheit und Gluth der Seele anzudeuten. Die Religion der Liebe wird der Menschheit den Enthusiasmus wiedergeben und in diesem wird die Gesellschaft das barbarische Joch des Tantum-quantum abschütteln, um zu neuem Leben sich emporzuschwingen, zu einem Leben ohne brutale Aufregung durch die Fragen unsicheren Besitzes.

So dürften denn bald die naturwidrigen Extreme und Erbärmlichkeiten aus dem Leben weichen, die das Gemüth des Menschenfreundes empören und täglich Hunderttausende unserer Mitbrüder durch himmelschreiendes Elend oder barbarische Ueppigkeit mehr oder minder grausam zu Tode quälen, und es dürfte das grösste Hemmniss aller physischen und moralischen Entwickelung des Einzelnen und der Gesellschaft von der Erde verschwinden.

Millionäre von heute sind in der Welt des Tantum-quantum morgen Bettler, und, nicht im Stande, die Qual und Schmach der Armuth zu ertragen, schiessen sie eine Kugel sich durch den Kopf. Der Hausknecht von heute ist durch Gewinn oder Betrug morgen ein Millionär und trinkt entweder in Sect sich zu Tode oder wird zum Quäler und Henker der Armen und Gedrückten. — Solche widernatürliche Zustände sind in der Welt der Sympathie absolut unbekannt und können dortselbst gar niemals vorkommen, weil jedes Einzelnen materielles Dasein sicher steht und der Mangel des Tantum-quantum Extreme des Besitzes gar niemals gestattet.

Kann es den Bevölkerungen wirklich Freude machen, in dem bisherigen sinnlosen Kummer um das tägliche Brod bei aufreibender Arbeit der Muskeln und Nerven und beklagenswerthen Lebensbedingungen, andererseits wieder in zernagender Habsucht und Besorgniss, etwas verlieren zu können, weiter zu leben, — anstatt, von dieser Jämmerlichkeit und Bestialität frei, ein würdiges, gesundes, gemüthliches, geniales, fleissiges, glückliches Leben zu führen? Nein! Nur die Unwissenheit, das Vorurtheil, der Mangel des Glaubens an die Kraft der Seele, dies kann die unselige Verblendung der Gegenwärtigen erhalten und den Menschentross bestimmen, in der Tretmühle der bisherigen, selbst geschaffenen Sklaverei weiter zu trampeln, um dabei in jedem Augenblicke in der Gefahr zu schweben, barbarisch zertreten zu werden!

Die nachfolgenden Blätter haben nicht die Absicht, Revolution zu machen, die Gemüther aufzuregen, zu erbittern, zu verhetzen, sondern wollen mit aller Ruhe des Geistes und des Herzens darüber in das Klare zu kommen suchen, welche die natürlichen Grundlagen des gesellschaftlichen Lebens sind und auf welche Art das Princip des Egoismus durch das der Sympathie auch in Staat, Gesellschaft und Alltäglichkeit zu ersetzen sein dürfte.

Ich habe hier meine eigensten Anschauungen ohne alle Berücksichtigung fremder Meinungen dargelegt. Dieselben sind aus meinem ununterbrochenen Studium des Menschen und seiner Lebensverhältnisse emporgewachsen und von dem innigsten

Herzenswunsche naturgemässer Gestaltung des Daseins gefolgt und geleitet.

Möge der geneigte Leser langsam und aufmerksam lesen, alle durch Erziehung, Schule und Strassenlärm erzeugten und gepflegten Vorurtheile gänzlich bei Seite lassen, und in die freie Natur sich versetzen, dorthin, wo der Ocean braust und die Wälder der Küsten und Inseln das erhabene Lied der Wogen begleiten. Dort wird ihm der Sinn der nachfolgenden Blätter leichter verständlich werden.

Neustadt in Holstein, den 20. August 1879.

Dr. Eduard Reich.

INHALT.

Einleitung.

	§		§
Gemeinsinn und Selbstsucht	1	Religion	15
Höhere Gesittung	1	Verbrechen. Irrsinn. Selbstmord	16
Elend und Ueppigkeit	2	Geistesleben. Studium	17
Erbarmungslosigkeit	2	Gattenliebe	18
Elend an sich	3	Speculation	19
Das menschliche Herz	4	Wucher	20
Religion und Familie	4	Krieg	21
Recht und Rechtsstaat	5	Menschen von Geist	22
Rechtsstaat und Leben	6	Presse und Literatur	22
Barmherzigkeit	7	Heuchelei	23
Eigenthum	8	Prostitution	24
Mangel an Besitz	9	Ueppigkeit und Ausschweifung	25
Religion der Liebe	10	Branntwein	25
Das Tantum-quantum	11	Genusssucht	26
Das Geld	12	Arbeitswahnsinn	27
Gesundheit und Leben	13	Feinde der Gesellschaft	28
Bildung und Erziehung	14		

Die civilisirte Gesellschaft.

	§		§
Bedingungen normalen Lebens	29	Bildung und Schule	38
Gemeinsamkeit	30	Maass von Bildung	38
Interessen der Menschen	31	Kirche und Schule	39
Religion und Kirche	32	Besuch der Schule	40
Nächstenliebe. Religiosität	32	Wahl des Berufs	40
Freiwilligkeit der Pflichterfüllung	32	Der höhere Unterricht	41
Aufgabe der Kirche	33	Verpflegung der Unterrichteten	41
Das Positive der Religion	34	Moralische Bildung	42
Aufgabe der Seelsorger	35	**Kunst und Wissenschaft**	43
Wirksamkeit der Kirche	36	Poësie	43
Erziehung und Familie	37	Malerei und Bildhauerei	44
Entwickelung und Aufblühen	37	Musik und Theater	45
Voraussetzungen der Erziehung	37	Gewerbliche Kunst	46

§		§	
Wissenschaft	47	Arbeit und Vertheilung der Güter	59
Publicirung der Bücher und Abhandlungen	48	Materielle Arbeit	59
Medicin und Gesundheitspflege	49	Verhältnisse der Arbeit	60
Ausübung der Medicin, etc.	49	Dienen	61
Medicinal-Personen	50	Die geistige Arbeit	62
Regierung und Verwaltung	51	**Ehe und Familie**	63
Amt	51	Eheschliessung, etc.	63
Staatsform. Regierung	52	Prostitution	64
Gegenseitige Beziehungen der Staaten	52	**Reisen, Verkehrsmittel, Herbergen**	65
Gerechtigkeit und Besserung	53	Modus des Reisens	65
Die Geschworenen	53	Anstalten und Mittel des Verkehrs	66
Die Richter	54		
Strafe und Besserung	54	Herbergen	67
Gemeinsames und persönliches Eigenthum	55	**Auszeichnung der Verdienstvollen**	68
Besitz	55	Anerkennung	68
Grund und Boden	55	**Klasse und Stand**	69
Häuser	55	Ungleichheit und Gleichheit	69
Vererbung des unbeweglichen Eigenthums	56	Standeswahl	69
		Aristokratie	69
Bau der Häuser, etc.	57	Parteien	70
Das bewegliche Eigenthum	58	Vollkommenheit	70

Schluss.

§		§	
Uebergang von Egoismus zu Sympathie	71	Staat des Egoismus	75
Verordnungen	72	Staat der Sympathie	75
Moralische Einflüsse	73	Sicherheit	75
Freiheit und Disciplin	74	Civilisation	75
Arbeit	74	Freiheit	75

Einleitung.

§ 1.

Gemeinsinn und Selbstsucht sind beide dem Menschen angeboren als nothwendige Mittel zur Erhaltung seines Lebens. Aber, indem der Sohn der Erde seine Wildheit mit Gesittung vertauscht und zu immer höheren Stufen dieser letzteren emporsteigt, muss sein Gemeinsinn eine edlere Form annehmen und seine Selbstsucht an Schärfe verlieren, immer mehr und mehr den sympathischen Gefühlen sich unterordnen, um, auf der höchsten Höhe physischer und moralischer Civilisation, ganz in dem veredelten Gemeinsinn aufzugehen.

Jede Gesittung, welche den Namen einer höheren und eigentlichen verdienen soll, muss nicht sowohl durch ein gewisses grösseres Maass physischer Vollkommenheit sich auszeichnen, als vielmehr durch Harmonie von Erleuchtung und Nächstenliebe; sie soll vorwiegend eine Gesittung sein des Geistes und des Herzens auf der Grundlage einer veredelten Leiblichkeit.

In einer solchen Civilisation lebt und webt Einer für Alle und leben und weben Alle für Einen; in einer solchen Gesittung kann Keiner verloren gehen, Keiner zum Sklaven seines Mitmenschen werden. Eine solche Civilisation ist nicht das Product erhitzter Einbildung, sondern kommt mit Nothwendigkeit bei intensiver Pflege der sympathischen Gefühle und der Vernunft, bei Bekämpfung der Selbstsucht, der Engherzigkeit, der Gewissenlosigkeit, des Vorurtheils und der Tyrannei.

§ 2.

In erleuchteten und sympathischen Gesellschaften können, insbesondere wenn es an Lebensmitteln nicht fehlt, Elend und Ueppigkeit, Massenreichthum und Massenarmuth gar nicht vorkommen. Sehen wir in gesitteten Gemeinwesen Elend, sehen wir Ueppigkeit allgemein verbreitet, so dürfen wir schliessen, dass an dem richtigen gegenseitigen Verhältniss von Erleuchtung und Sympathie es gebreche, dass diese beiden die erforderliche Intensität nicht erlangt haben, dass falsche Theorieen herrschen, dass die Religion ohne Kraft, das Dasein ohne Poësie, der Staat ohne Erbarmen, die Gesellschaft mehr oder minder verdorben, entartet sei.

Niemals kann der harmonisch erleuchtete und sympathische Mensch auf Kosten der Wohlfahrt seines Nächsten Erdengut anhäufen, niemals den Mitbruder hungern, darben, frieren, verkommen sehen. Der wirklich humane, höchst gesittete Staat kann keinen Bürger dem Elend preisgeben, selben bei Ausführung irgend eines Gesetzes in Hunger, Noth, Schande, Drangsal hineinstossen. Eine lebendige und werkthätige Kirche kann nicht zusehen, wie die höchsten Güter der Menschheit dem Eigennutz, der Brutalität geopfert werden und wie der Mammon das göttliche Feuer der Liebe und Weisheit mit teuflischer Bosheit erstickt; sie kann nicht zusehen, wie durch starre Satzungen und grösstentheils nur eingebildete Rechte die Besitzlosen gepeinigt, die Armen noch ärmer gemacht, die Verlassenen in den Ocean getrieben, die Guten geschmäht, die Gerechten verfolgt, die Weisen gebrandmarkt werden.

Abnorme Verhältnisse müssen walten, erkrankt muss die Gesellschaft, versteinert die Kirche, auf falsche Wege gekommen der Staat sein, wenn das Elend wuchernd um sich greift und die Grundfesten alles Daseins zu erschüttern droht und die moralische Pest der Ueppigkeit das gesunde Leben rings umher vergiftet.

§ 3.

Im Organismus des Einzelnen sowohl, wie in dem der Gesellschaft, macht ein gewisses Heilbestreben der Natur sich geltend, als Reaction gegen krankhafte Zustände und Verhältnisse. Das kraftvollste Bestreben dieser Art hat von jeher dem grössten Feinde des Lebens gegolten, dem Elend, einerlei ob dasselbe als Leibeigenschaft, Proletarierthum, oder in einer anderen Form herrschte.

Mit dem Elend kommt immer und überall das andere Extrem, die Ueppigkeit zu Tage, kraft des Naturgesetzes, dass ein Aeusserstes das andere hervorruft. Elend und Ueppigkeit erwecken in dem Gemüthe ihrer Opfer leidenschaftliche Stimmungen, welche der positiven und negativen Elektricität in den Wolken des Gewitters gleichen, und unter Donner und Blitz zum Austrag kommen.

Es ist jede Gesellschaft gefährdet, in welcher heftige Spannungen dieser Art auftreten, und zwar um so mehr bedroht, je mehr an genügendem Heilbestreben es fehlt, und je weniger naturgemässe Ableiter der Elektricität vorhanden sind. Aus diesem Grunde wird es darauf ankommen, die Hauptquelle der natürlichen Heilkraft zu suchen, diese letztere sodann zu stärken, und so den Organismus der Gemeinschaft der Gesundheit wiederzugeben und einem glücklichen Dasein.

§ 4.

Diese Hauptquelle ist das Herz, das Hauptmittel zur Tilgung alles Bösen die Nächstenliebe. Diese nur allein kann, indem sie eines erleuchteten Verstandes sich bedient, das Entstehen aller gefährlichen und bedrohlichen Extreme, aller gefährlichen Spannungen verhüten, das Gesundbleiben des Organismus der Gesellschaft, der Seele alles Volkes sichern.

Es giebt nur ein Gebiet, auf welchem das Herz zu seiner vollsten Entwickelung gelangen, von dem aus dasselbe seine herrlichsten Wirkungen entfalten kann: die Religion. Das Vehikel der Religion ist eine gesunde, wohl organisirte Kirche, der wahre Fruchtboden der Religion die Familie. Kirche und Familie müssen der Barmherzigkeit pflegen und so dem zu Verminderung und Auslöschung der sympathischen Gefühle drängenden Verstande das heilsamste Gegengewicht abgeben.

Bei aller Sorge um die Pflege des Herzens, um Religion,

Kirche und Familie, dürfen wir jedoch nicht unterlassen, auch die anderen Quellen, aus denen Heilung der grossen socialen Leiden fliesst und Glück für alle Menschen entspringt, zu suchen und nutzbar zu machen.

§ 5.

Der europäische Staat der Gegenwart, der mit Vorliebe als höchst gesitteter, als christlicher, als Rechtsstaat bezeichnet wird, in Wahrheit aber mehr oder weniger ausschliesslich der unchristlichen Selbstsucht dienstbar ist und das Recht sehr häufig vor dem Besitze beugt, betrachtet den Menschen als Arbeitsmaschine, ohne irgend welche Rücksicht auf die Grenzen und das Maass der organischen Kräfte zu nehmen. Dieser Staat kennt nur grausame Rechenexempel, und er vollführt dieselben, indem er alles Humane einer wahrhaft barbarischen Selbstsucht unterordnet.

Auf den abstracten Verstand sich gründend und nur nach den Beweggründen der Nützlichkeit handelnd, kommt der christliche Rechtsstaat immer mehr ab von dem Geiste des Christenthums, von Wohlwollen, Fürsorge und Barmherzigkeit, wird zum Schützer und Förderer des unter den Formen des Rechtes sich bergenden Egoismus, zur schiefen Ebene, auf der Hunderttausende in den Pfuhl des Jammers hinabgleiten, und zum Erzeuger, zum Nährer antisocialer Richtungen, die ihre Kraft und Beweggründe aus dem Borne der Verzweiflung schöpfen.

In jedem gesunden Staatswesen beruht alles Leben darauf, dass dem Gewicht ein Gegengewicht gesichert sei. Hat nur das abstracte Recht Geltung, ohne das Gegengewicht von Wohlwollen und Barmherzigkeit, so müssen nothwendig alle Die zu Grunde gehen, denen die Kraft fehlt, auf der Oberfläche des Wassers sich zu erhalten. Es soll aber Keiner verloren gehen, sondern Alle sollen wandeln den Weg des Lebens, der Gesundheit, Freiheit, Tugend und Glückseligkeit. Darum müsste dort, wo die Arbeit des Einzelnen nicht ausreicht, die Barmherzigkeit edel und rückhaltlos eintreten, um das Dasein zu sichern.

Doch, ich will den Menschen nicht blos durch die Barmherzigkeit der Nächsten sicher stellen, sondern auf der einen

Seite den Einen von dem Anderen unabhängig machen und auf der anderen Seite Alle auf das Intensivste gegenseitig einander verpflichten.

§ 6.

Nicht jede Arbeit, die gethan sein muss, nährt ihren Mann; nicht Jeder kann mit allen Constellationen auch sein Gewerbe ändern; unzählige der besten und ehrbarsten Menschen können auch bei grösster Aufopferung und Entsagung mit ihrer Arbeit die Pflichten gegen Familie und Gesellschaft nicht ganz erfüllen. Der christlich sich nennende Rechtsstaat und die herrschende Richtung der National-Oekonomie, sie wollen von dieser Thatsache nichts wissen; der begüterte Theil der Gesellschaft sieht mit Hohn und Verachtung auf die im Staube kriechenden und um das tägliche Brod ringenden Erdenwürmer, ihre Mitmenschen, herab; die Kirche thut wenig oder gar nichts, um das Loos der Unglückseligen zu bessern: sie schützt den hungernden und von Arbeit erschöpften Familienvater nicht vor Auspfändung durch den Steuererheber, und sieht zu, wie der schuldlose Arme der Härte des Gesetzes anheimfällt, verkommt, und schliesslich die Legion der Feinde der Gesellschaft mehrt.

Ganz ohne Rücksicht auf das Maass der Kräfte und auf die sonstigen Verhältnisse der Individualität, fordert der moderne Staat mit seiner erstarrten Kirche von Allen die gleiche Masse von Pflicht und lässt Jeden, der dieselbe nicht leisten kann, seines Besitzes, seiner Ehre, seiner Freiheit berauben. Ja, noch mehr, dieser so genannte christliche Staat fängt, ganz ebenso wie der abscheulichste Negerstaat des aequatorialen Africa, wegen Besitzes und Geldes den blutigsten Krieg an und zerstört dadurch die Früchte des Fleisses von Jahrhunderten. Dies erwirkt Elend ohne Grenzen und macht unzählige Menschen, die anders die besten Bürger und Charaktere geblieben wären, zu Feinden des Bestehenden.

§ 7.

Ist in einem Staate die Strenge der Satzung durch den Einfluss der Barmherzigkeit gemildert, und tritt die Kirche rettend, helfend ein, so geht nicht nur Keiner zu Grunde, sondern es erwächst auch der Gesellschaft kein Feind, und alle höheren Interessen werden in erfreulicher Weise fortschreitend gefördert. So ist es in den Staaten bisheriger Art, so ist es in Gemeinwesen, deren Grundlage der Eigennutz ausmacht, mit dem Tantum-quantum.

Alle solche Gemeinwesen bedürfen der privaten und öffentlichen Barmherzigkeit, um die mehr oder weniger massenhaften Opfer der extremen Ungleichheit in den Verhältnissen des Besitzes und der Starrheit juristischer Satzungen zu retten. Sowie nun irgend eine Stockung eintritt in Bethätigung dieser Barmherzigkeit und in den Quellen, aus welchen dieselbe fliesst, gehen sofort Tausende und wieder Tausende der besten Menschen unter.

Hieraus geht hervor, dass, ohne die Barmherzigkeit nur im Geringsten zu schmälern, es doch nöthig sei, Vorkehrungen zu treffen, welche den civilisirten Menschen in seiner ganzen Existenz sicher stellen, ohne ihn dem Gutdünken und der Gnade seines Nächsten zu unterwerfen. Das, was hier zu thun ist, ist die Erbauung des Tempels der Menschheit auf dem Grunde der Liebe und Pflicht, anstatt auf jenem des Eigennutzes. Keineswegs schliesst dies den Besitz von Eigenthum aus; im Gegentheil wird auf dem Boden der Liebe und Pflicht alles Eigenthum zu Segen und Heil für den Einzelnen und Alle, anstatt, wie unter der Herrschaft der Selbstsucht es der Fall ist, für die grössere Mehrzahl zu Unheil und Fluch zu werden.

§ 8.

Es muss privates und öffentliches Eigenthum geben, gemeinsames auch, bei aller Unantastbarkeit persönlichen Besitzes. Normales Leben kann ich mir weder ohne das eine denken, noch ohne das andere. Beraubt nun in den Staaten des Eigennutzes der starre Buchstabe des Gesetzes den Bürger seines privaten Eigenthums und hat der Mensch nicht etwas Antheil an dem allgemeinen Besitze, so verliert er die Grundlage des Bestehens, geräth in eine Art von Sklaverei seinem besser gestellten Mitmenschen gegenüber, und in Elend: er wohnt schlecht, hungert, friert, wird verachtet, erbittert, greift in seinem Elend zum Branntwein, um das Gefühl des Hungers zum Schweigen zu bringen und für Augenblicke dem Bewusstsein der Schmach, des Jammers eines gequälten Sklavenlebens sich zu entrücken; von allen Pforten, an denen er um Einlass bat, unbarmherzig zurückgewiesen, streckt er im Wahnsinn der Noth seine Hand aus nach dem Eigenthum des Nächsten, verfällt dem Wortlaute der Satzung und geht abwärts für immer.

Und kämpft er mit bewundernswürdiger Kraft gegen das Verderben, welches die herzlosen, ungenialen Einrichtungen der noch sehr im Sumpfe der Thierheit und Barbarei steckenden Gesellschaft ihm bereiteten, so versinkt er angesichts schadenfroher, blasirter, hochmüthiger, erbarmensunfähiger Mitmenschen, umfasst von dem entsetzlichen Polypen, der langsam und sicher des Lebens Säfte aussaugt. Und bleibt er dem Leben erhalten, Dank der ausserordentlichen Zähigkeit seiner Organisation, so vermag er dem Gifte der Miasmen seines elenden Wohnortes nicht zu widerstehen, erkrankt, entartet, und trägt Keime von Siechthum und Verderben über auf die von ihm Gezeugten.

§. 9.

Dies Alles wirkt das Elend, der Mangel an Besitz, das Fehlen der Barmherzigkeit, des eigentlichen Regulators gesundheitsgemässen Lebens innerhalb der auf das Tantum-quantum gegründeten, also der bisherigen Staaten und Gesellschaften. Die ganze Masse von Elend, welche das fühlende Herz brechen macht, ist in letzter Reihe die Frucht der Unbarmherzigkeit in Staat und Gesellschaft, die Folge der Beraubung der Armen und Hülflosen, die Folge des Waltens starrer Satzungen, welche von der Selbstsucht erfunden und erhalten werden. Und das Elend muss immer grösser und für das Wohl der Menschheit gefährlicher werden, je mehr die Barmherzigkeit verhöhnt und durch abstracte Rechtsbegriffe, durch den Egoismus verdrängt wird, je mehr der Rechtsstaat überwiegt und eine lebendige, werkthätige Kirche Boden und Lebensluft verliert.

Alle Gemeinwesen, die auf den Unterbau des Tantumquantum sich stützen, auf den Egoismus, sind ohne die ausgedehnteste und vollste Action der Barmherzigkeit, der Sympathie, nichts mehr und nichts weniger, als Raubstaaten, und müssen über kurz oder lang durch das physische und moralische Elend der Proletarier ebenso, wie der Millionäre zu Grunde gehen. In je ausgedehnterem Maasse die Extreme des Besitzes zur Geltung kommen, je mehr die Einen auf Kosten der Anderen Erdengut anhäufen und die Zahl der Besitzlosen sich vergrössert, je mehr diese letzteren durch zum Vortheile der Besitzenden gemachte und erbarmungslos ausgeführte Gesetze in das Elend hineingestossen werden, desto gewisser naht die physische und moralische Auflösung der ganzen Gesellschaft.

Das mächtige Reich der Römer zerfiel durch die Folgen von Massenarmuth und von Massenreichthum. Das Christenthum baute einen Tempel aus den Ruinen durch seine Liebe und Barmherzigkeit. Die neue Kirche war die Retterin der Armen und Bedrängten, der Unglückseligen und Verlassenen; sie konnte bis zu einem bestimmten Puncte und in gewisser Richtung die verhängnissvollen Wirkungen der Extreme des Besitzes ausgleichen.

§ 10.

Aber, die Religion der Liebe, in ihrem eigentlichen Wesen der Gegenfüssler des Tantum-quantum, wurde von einer Kirche und von Priestern ausgeübt, welche das Gesellschafts- und Staatsprincip des Wieviel-soviel bewusst ebenso, wie unbewusst, in seiner vollsten Ausdehnung anerkannten und, je mehr sie Macht erhielten und Ansehen, desto mehr dem Dienste der Selbstsucht sich weihten. Die Anerkennung und Huldigung des Tantum-quantum, mittelbar in grösstem Maasse gefördert durch die Entsittlichung der Geistlichen und die Veräusserlichung der Religion, sollte die schlimmsten Folgen haben für die Menschheit: sie unterhöhlte den Bau der Kirche, zerstörte die Religion, liess den Verstand ohne alles Gegengewicht des Herzens emporwuchern und der Selbstsucht dienstbar werden, machte den Besitzlosen zur Arbeitsmaschine und verewigte die gebildete Sklaverei. Glaubte die Welt ehedem noch an Tugend und Weisheit, an Liebe und Poësie: nun glaubt sie blos an den Mammon und kämpft um diesen einen Kampf, der schliesslich alle Segnungen des Daseins brutal vernichtet.

Niemals, von ihrem ersten Tage bis zu diesem Augenblicke, hat die christliche Kirche das der Religion der Liebe diametral entgegengesetzte, feindselige Wieviel-soviel verdammt, niemals gegen dasselbe auch nur geeifert, niemals anders, als an die Unerlässlichkeit dieses grausamen und eigentlich durchaus antisocialen Princips geglaubt. Und weil es so geschah, darum wird auch diese Kirche untersinken im Meere der Zeit, diese Kirche, welche von der Religion sich trennte und zu Stein sich verwandelte.

§ 11.

Das Princip des Tantum-quantum richtet eine unnatürliche Scheidewand auf zwischen den Menschen; es trennt die Erdensöhne von einander durch einen Ladentisch und begründet den Nutzen des Einen auf den Verlust des Anderen; es macht den Einen zur Ziffer in dem Rechenexempel des Anderen, und setzt an die Stelle sympathischer Gefühle den Eigennutz. Das Tantumquantum hat ein grosses Tauschgeschäft zum Zwecke, und giebt Jedem Gelegenheit, die Producte seiner Arbeit gegen die Producte der Arbeit des Nächsten umzutauschen, ganz in dem Verhältniss des durch Angebot und Nachfrage bestimmten beziehungsweisen Werthes derselben, und ganz ohne Rücksicht auf das Maass der Vorräthe, der persönlichen Kräfte und Bedürfnisse, der menschlichen Schicksale und der Gesinnung. Dieses Tauschgeschäft wird durch ein allgemeines Tauschmittel, Geld genannt, bewerkstelligt, welches für Arbeit gegeben und für Lebensbedürfnisse genommen wird. Ohne alle Rücksicht auf die Möglichkeit, durch die dem Individuum geläufige Arbeit die zur Erwerbung der unerlässlichen Lebensbedürfnisse nothwendigen Mengen Geldes verdienen zu können, werden einem Jeden nur so viel Nahrungsmittel, Kleidungsstücke etc. gegeben, als er bezahlen kann, und kann er nicht die erforderliche Quantität bezahlen, muss er hungern, darben, kann er überhaupt gar nichts bezahlen, verhungern, — wenn nicht öffentliche oder private Barmherzigkeit ihn rettet.

Es ist also das Princip des Tantum-quantum verständig,

aber nicht vernünftig, mechanisch, aber nicht genial, arithmetisch, aber nicht sympathisch, brutal, aber nicht social, barbarisch, nicht gesittet; es ist dieses Princip im höchsten Grade geeignet, ohne das Gegengewicht der Barmherzigkeit die Schattenseiten der menschlichen Natur auf Kosten der Lichtseiten auszubilden, den Verstand zu schärfen und das Gemüth zu tödten. Dort, wo das Wieviel-soviel schrankenlos emporwuchert, zerstört es die Gesellschaft; denn es macht den Menschen zum Raubthier und das allgemeine Tauschmittel, das Geld, zur Gottheit, es vernichtet Tugend und alle höheren Interessen, erzeugt Sklaverei der Leiber und der Geister, und lässt in der Ergatterung möglichst grosser Quanta Geldes das höchste Glück erkennen. Das Tantum-quantum ist nicht Segen, sondern Fluch, entfremdet die Menschen, verführt sie zum Bösen, und wird zum Urheber der Hölle auf Erden, der grössten Leiden und Drangsale, wie andererseits der infamsten Ausschweifung, Ueppigkeit und Thierheit.

§ 12.

Betrachten wir einige der Nachtheile, welche die Existenz, die Erwerbung und die Macht des Geldes bei dem Einzelnen, der Familie und der ganzen Gesellschaft hervorbringt. Zunächst kommt in Betrachtung, in welchem Grade und in welcher Art der Mensch gebildet, erzogen, veredelt ist, welche Anforderungen er gelernt, sich gewöhnt hat, an das Leben zu machen, und wie gross sein Glaube an die Bedeutung des allgemeinen Tauschmittels ist. Alle diese Momente wirken hier als Modificatoren, vermögen aber auch in dem günstigsten Falle nicht, das Verhängniss des Geldes, das Unheil des Tantum-quantum zu lähmen. So lange dieses letztere das grosse Princip des öffentlichen und privaten Lebens ist, so lange bleibt der Einzelne, die Familie, die Gesellschaft, der Staat, die Kirche, dem Gelde leibeigen und das Elend in Permanenz, das physische Elend für die grossen Massen, das moralische für die oberen Klassen, so lange giebt es hohe Zahlen für Krankheit und Gebrechen, Laster und Missethat, Wahnsinn und Selbstmord.

Kann man für Geld Alles eintauschen, hängt Alles vom Gelde ab, und bestraft die Gesellschaft und der Staat Jeden empfindlich und hart, unmittelbar und mittelbar, der kein Geld oder nicht genug Geld oder dessen Aequivalente besitzt, so begreift es sich ohne Schwierigkeit, dass Jeder, der nicht wie ein Hund getreten und wie ein Paria verachtet sein will, dem also etwas an der vortheilhaften Meinung der Mitzweihänder für seine Persönlichkeit liegt, der gerne etwas bedeuten oder auch nur unangefochten, angenehm leben will, danach strebt, Geld zu gewinnen und, in weiterer Folge, so viel als möglich Geld zu gewinnen. Je mehr dieser Drang hervortritt, desto mehr treten Gewissenhaftigkeit und alle höheren Qualitäten des Gemüthes, des Herzens zurück, und die Begierde des Erwerbens sucht ihre Bundesgenossen in der Schärfe des Verstandes und in dem Pfuhle der niedersten Leidenschaften. So werden die Grundpfeiler der Sympathie, der Religion, der Gegenseitigkeit erschüttert, so wird das Verbrechen vorbereitet und dem Laster, dem Siechthum, der Entartung in die Hände gearbeitet.

§ 13.

In den Staaten des Tantum-quantum kann auch die Gesundheit nur um den Preis der Erwerbung und Bezahlung von Geld erhalten werden. Es sind also von vorne herein alle Diejenigen, welche auch bei vollstem Kräfteaufwand nicht es vermögen, die erforderlichen Summen zu erwerben, dazu verdammt, ihre Gesundheit entweder durch Unterlassung der Pflege oder durch allzu grosse Anstrengung ihrer körperlichen und seelischen Organe zu schädigen. Hierzu kommt noch die Geringschätzung, ja Verachtung des Armen durch den gemeinen, übermüthigen Nächsten, der durch eigene Arbeit, oder durch Erbschaft, oder durch Infamie, oder durch irgend welchen Zufall etwas mehr Geld oder dessen Aequivalente ergatterte, gewann. Hierzu kommt auch noch die Maxime des Gemeinwesens, dem Armen zu nehmen, selben zu Boden zu reissen und zu brandmarken, und dem Reichen zu geben, dessen Begehrungen und Wünsche in jeder Beziehung zu fördern.

Zu den nothwendigen Folgen all' dieser Barbareien und Brutalitäten gehört das Herabsinken der Lebens- und organischen Widerstandskraft bei den armen und dürftigen Klassen der Gesellschaft, die Zunahme von Krankheit und Siechthum, die Abnahme der Moral, der Rückschritt zu den unteren Stufen der Civilisation, zu Barbarei und Brutalität. Armenärzte und Freiapotheke sind erbärmliche Surrogate der Gesundheitspflege und der Lebensfreudigkeit; hätten die Nothleidenden diese beiden letzteren, so bedürften sie der beiden ersteren, die im günstigsten Falle ihnen wenig nützen, gar nicht.

Mit Zunahme der Lebensschwäche bei fortdauernder Ueberanstrengung, Qual und dürftigster, gesundheitswidrigster Lebensweise in Kellern ohne Licht und menschenüberfüllten Räumen, und angesichts der Ueppigkeit, des Hochmuthes und der Willkür der reichen und angesehenen Classen, entwickelt sich bei den Elenden, Verachteten und Getretenen einerseits der Durst nach Rache, andererseits der Hang zum Verbrechen. Und in der That werden die meisten Verbrechen von Menschen begangen, die in ihrer Gesundheit, leiblichen und seelischen Entwickelung gewaltsam zurückgebracht und zurückgehalten wurden.

Das Geld also erzeugt in letzter Reihe Lebensschwäche, Hang zum Verbrechen, Siechthum, Entartung.

§ 14.

In den Staaten des Tantum-quantum können auch Bildung und Erziehung nur um den Preis des Geldes erlangt werden. Ehedem, als die Barmherzigkeit noch zu Recht bestand und noch nicht von den empörenden Vorurtheilen einer über alle Maassen herzlosen, ungenialen und pöbelhaften öffentlichen Oekonomie zu Boden gerissen und zertreten war, konnte auch bei dem Armen der Drang nach Wissen und Erkenntniss leicht befriedigt werden; es gab tausend Wege und Mittel zur Beseitigung der Hemmnisse, welche zwischen den Armen und die Bildung seines Geistes sich legten.

Heutzutage jedoch, wo der Staat selbst als Muster, als leuchtendes Exempel der Erbarmungslosigkeit und Selbstsucht dasteht, und mit Absicht und Studium darauf hinarbeitet, den Mittelstand auszulöschen, um nur Arme und Reiche, Sklaven und Herren zu zählen, und die Einen durch die Anderen zu unterwerfen, um über Alle gleichmässig zu herrschen, — heutzutage wird der Preis von Bildung und Erziehung immer höher und für den Armen immer unerschwinglicher. Und auf dieser schiefen Ebene rollen Die, deren Mittel zu klein sind, in den Pfuhl der Sklaverei ohne Ende.

§ 15.

Religion! Wer hat Religion, wer versteht den Inhalt, das Ziel der Religion, der da mit einem Elend ohne Grenzen ringt, keine Zeit dazu hat, um bei sich selbst einzukehren, sondern jede Minute opfern muss, um in fürchterlichem Kampfe das trockene Brod zu erwerben, tief unter dem Boden der Strasse das nackte Leben zu fristen; der keine Zeit dazu hat und die Mittel nicht besitzt, um seinen Geist zu erheben und mit Ambrosia zu nähren! Wer religiös sein will in den Staaten des Tantum-quantum, darf weder hungern, noch frieren, sondern muss einige Mittel haben, und die Religiosität in diesen Gemeinwesen nimmt ab, nicht weil die sogenannte Freigeisterei, sondern weil das Elend zunimmt, die Niedertretung und Ausbeutung des Armen, die Degradirung des Mittellosen zur Arbeitsmaschine, die empörende Selbstsucht des Staates und die üppige Selbstüberhebung der Massenreichen.

Die Kirchen leeren sich, nicht weil die Pastoren etwa an Qualität abnehmen — die Priester sind heute nicht schlechter, als ehedem —, sondern weil das Geld aus seiner gewisser Maassen bescheidenen Stellung heraustrat und zu der höchsten Gottheit wurde, dem Armen alle Wege abgeschnitten sind und, auch bei erhabenster Gesinnung, grösster Tugend und edelster Aufopferung, der Schein der Niedrigkeit anhaftet, Geringschätzung, Verachtung, Verfolgung, Hohn zu Theil wird, die so Manchen der Religion und sehr Viele der Kirche, den Pastoren entfremden, — die leider so häufig und intensiv das goldene Kalb anbeten, anstatt das göttliche Feuer der Liebe in Aller Herzen zu entzünden.

Es lassen die Priester für ihre Functionen Geld sich bezahlen und diese Gebühren von Armen, denen das Bezahlen schwer wird, durch den Büttel eintreiben, also auf dem Wege der Auspfändung erquetschen. Dies kommt in Zeiten, wo die

Arbeit schlecht bezahlt wird, die Lebensbedürfnisse theuer und die Abgaben an das Gemeinwesen hoch sind, öfters vor, als in guten Zeiten. Je grösser nun das Elend wird, desto weniger kann die demselben verfallene Mehrheit von den gemeinen Priestern sich angezogen fühlen, desto weniger wird sie die Tempel aufsuchen, desto weniger an eine veräusserlichte Religion glauben, deren Verkündiger Geschäftsleute sind, Handel treiben, Rechnungen ausschicken und diese von den Dürftigsten durch den Auspfänder eintreiben lassen.

Das Geld zerstört die Religion, indem es die Pastoren verdirbt und verhasst macht, die Grundsäulen der Tempel erschüttert und niederreisst, und den Armen gleichwie den Reichen den Glauben an die Kraft des Herzens nimmt.

§ 16.

Prüfen wir die Zahlen der Verbrecher, der Irrsinnigen und der Selbstmörder, so entgeht es uns keinen Augenblick, dass die grösste Menge der Uebelthaten, Wahnsinnsfälle und Selbstentleibungen unmittelbar oder mittelbar das Geld, dessen Erwerbung und Anwendung, zur Ursache hat. Hat ein Mensch gewöhnlicher Art, ob auch noch so hoch auf der Treppenleiter der Zweihänder-Gesellschaft stehend, eine gewisse luxuriöse Führung sich zur zweiten Natur gemacht, und es hört plötzlich die Goldquelle auf, zu fliessen, so schiesst selbiger entweder eine Kugel sich durch den Kopf, wenn er die allerdings entsetzlichen Leiden und Kämpfe, welche das Elend auferlegt und die Nichtachtung seitens der bisherigen Genossen um ein Beträchtliches verbittert, fürchtet, oder er wird aus der nämlichen Veranlassung irrsinnig, oder er geht unter die Uebelthäter und verschafft sich Geld auf verbotenem Wege.

Ohne die Existenz dieses blödsinnigen Tantum-quantum und seines fluchwürdigen Begleiters, des Geldes, hätte auch der gewöhnlichste Mensch nicht in den Cynismus verächtlichen Genusses und feiger Prahlerei gerathen können; er hätte in fleissiger Bethätigung seiner natürlichen Fähigkeiten und Kräfte dahin gelebt, mässig, heiter, zufrieden, und seinen ganzen Ehrgeiz und Ruhm darin gefunden, möglichst gewissenhaft alle Pflichten gegen das

Gemeinwesen zu erfüllen; er hätte in dem Borne des Wissens die Kraft seines Geistes geschöpft, in der Religion den Aufschwung seines Herzens genommen, aus der Arbeit den Honig der Freude gesaugt; er wäre ein ehrenfestes Glied der Gesellschaft geworden, er hätte gesunden Nachkommen zum Leben verholfen und dieselben durch eine gute und naturgemässe Erziehung veredelt.

Das Geld hat diesen Unglückseligen verdorben, zum reissenden Thiere gemacht, vor der Zeit getödtet, und seiner Nachkommenschaft ein leibliches und sittliches Brandmal aufgedrückt, welches günstigen Falles erst binnen einigen Generationen verblasst.

§ 17.

Geist und Geldbesitz können nur zufällig an einander geknüpft sein, niemals ursächlich zusammenhängen. Der Genius, dem leibliche Kraft und glückliche äussere Constellationen fehlen, um die Schranke des Geldes zu durchbrechen, oder dessen Herz und Leibeskraft durch allzuviel des Geldes gelähmt wird, der den richtigen Gebrauch des allgemeinen Tauschmittels nicht erlernt — nicht erlernt, weil er ein Genius ist und das Pöbelhafte nicht begreift —, wird durch das Geld ermordet.

Das Princip, Armen das Studium durch hohe Kosten zu erschweren, unmöglich zu machen, Armen jede geistige Laufbahn durch den Schlagbaum des Geldes zu verschliessen, befähigte Arme in die untern Classen der Gesellschaft zurückzudrängen, ohne Rücksicht darauf, dass dadurch Riesen in die Jacke von Zwergen gepresst, Genien von Idioten gemartert und die edelsten Herzen über dem Kohlenfeuer der Brutalität und Gemeinheit geschmort werden, — dieses Princip zeugt dafür, dass dessen Schildhalter Barbaren sind, die durch blendende Tünche und verschiedene angelernte Phrasen sich das Ansehen von Weisen geben; zeugt dafür, dass die Civilisation abwärtsgehe und die Entartung sich ausbreite.

Und, was erwächst der Gesellschaft für Nutzen daraus, dass die Laufbahn der höheren Professionen nur denen sich öffnet, die Geld besitzen, und denen verschlossen bleibt, die kein Geld besitzen? Kein Nutzen erwächst daraus, sondern der grösste und niemals mehr zu reparirende Nachtheil; denn der Geist kennt die zufälligen Verhältnisse der Menschen nicht, also weder Reichthum noch Armuth, sondern hat seine Erwählten in allen Schichten der Gesellschaft. Je grösser die Zahl der Erwählten ist, die durch den Fluch des Geldes geistig ermordet werden, und je grösser die Zahl der Unfähigen ist, die an Stelle dieser erdrosselten Genien die Steuerruder der socialen Schiffe lenken, desto mehr Gefahr, zu scheitern, zu versinken, zu versumpfen, zu entarten.

§ 18.

Liebe der Gatten ist ein Glück für die Nachkommen, ein Glück für das Familienleben, und das grösste Glück für die Eheleute selbst. Heirathen aus dem Interesse von Geld und Besitz, also aus Antrieb der Habsucht, sind in jeder Beziehung der Gesundheit, Wohlfahrt und Glückseligkeit der Gatten und ihrer Kinder entgegen. Diese Sätze hat die Erfahrung der Jahrtausende in ihrer vollen Richtigkeit bestätigt, und sie sind so allgemein bekannt, dass die Sperlinge auf den Dächern davon singen.

Und gegen diese natürliche Norm, deren Verletzung ein Fluch ist und Elend wirkt, sündigt der von dem Tantum-quantum beherrschte Mensch, indem er, um die Anzahl der Geldstücke oder deren Aequivalente zu vermehren, also aus höchst unsittlichem und pöbelhaftem Beweggrunde, ein nicht geliebtes Weib ehelicht und der geliebten Jungfrau aus dem nämlichen hundsgemeinen Anlass, also weil sie nicht die erforderte Zahl von Geldstücken besass, das Herz bricht. Unglück für den Mann, Unglück für die Frau, Unglück für die Kinder, die schlechtes Beispiel sehen und niemals zur Perfection gelangen, Unglück für die verschmähte Geliebte! Und all' dieser Jammer, der verschiedene Lebensläufe vergiftet, die nachfolgende Generation abschwächt, deren Gefühl erkältet, deren Anlage zur Abweichung von der Norm erhöht, blos wegen Geldes! Nein, eine solche Gesellschaft verdient Abscheu, ist erbärmlich, widernatürlich, verrottet, die den Mammon über die Liebe selbst der beiden

Geschlechter zu einander stellt und die obersten, heiligsten Interessen dem schnödesten, infamsten Egoismus unterordnet.

Ohne den Fluch des Geldes gäbe es fast nur normale, aus Liebe geschlossene Ehen: kein Bursche von achtzehn Jahren heirathete ein Mütterchen von siebenzig Jahren; alte Jungfern und Hagestolze, die beide sehr weit davon entfernt sind, den Geist der Gemeinschaft zu verbessern, gäbe es sodann nur in höchst unbedeutender Zahl.

§ 19.

Zu denjenigen Potenzen, welche die Grundsäulen des gesellschaftlichen Baues von jeher bedrohten, gehören die Speculation und der Wucher, die beide mit dem Mammon stehen und fallen. Betrachten wir zunächst dasjenige, was man im gemeinen Leben als Speculation auffasst: es ist, seinem ganzen Wesen nach, nichts als grausame Täuschung des Mitmenschen, nichts als grobe Täuschung seiner selbst; denn, geht dieselbe, wie man dies nennt, glücklich aus, so führt sie endlich zur Anhäufung grosser Geldsummen, deren Erträge der Speculant gar nicht verzehren kann und an denen er in der einen oder in der anderen Weise verdirbt, — und auf der anderen Seite geht derjenige, welcher den Gegenstand der Speculation abgab und einer Ziffer gleich geachtet und wie eine Citrone ausgepresst wurde (unter den Augen des Gesetzes, ja nicht selten mit dessen Hülfsmitteln), wegen Mangels der ihm ausgesaugten Mittel physisch oder moralisch, meistens nach beiderlei Richtung, zu Grunde.

Mithin ist die gemeine Speculation inhuman, unsittlich, verächtlich, antisocial. Je grösser die Anzahl der Speculanten, desto mehr Selbstsucht, Unbarmherzigkeit, Unsittlichkeit, extreme Stimmungen und Spannungen innerhalb des öffentlichen und privaten Lebens, desto grösser die Unsicherheit des Daseins und die Gefahr, insbesondere für den besseren und edler denkenden Menschen, geplündert und mit Hülfe des Gesetzes zu Boden geworfen zu werden. Die Zahl der Speculanten wächst in dem Maasse, in welchem das Proletarierthum zunimmt, und dies letztere steigt mit der Concentration des Besitzes in den

Händen Einzelner, mit Loslösung der Massen von dem Grundbesitz, mit der Vermehrung der Gemeinheit, Gewissenlosigkeit und Genusssucht, mit Zunahme der Herrschaft des Geldes.

Ohne das Tantum-quantum, ohne das Geld gäbe es keine Speculation; Niemand dächte daran, auf Kosten der Freude, Gesundheit, Wohlfahrt, Existenz seines Mitbruders Erdengut anzuhäufen, seinen Nächsten aus Habsucht dem Elend, der Verachtung, Verfolgung preiszugeben. Also das Geld entsittlicht, entmenscht, verhärtet und verwildert das Herz, zerstört alle Güter des Daseins, welche diesen Namen verdienen, und entwickelt die Schattenseiten der menschlichen Natur.

§ 20.

Es giebt eine Classe von Zweihändern ohne Herz, ohne Gewissen, erfüllt von Habsucht ohne Grenzen, die ununterbrochen darauf ausgeht, mit Hülfe von Gesetz und Anwälten des todten Buchstaben, sowie des verdrehbaren Rechtes, den Mitbruder zu Grunde zu richten, sein Eigenthum zu rauben, sein Dasein ganz unmöglich zu machen. Diese Vampyre, genannt Wucherer, finden in den öffentlichen Einrichtungen der Staaten und Gesellschaften unmittelbar ebenso, wie mittelbar, nicht blos Schutz, sondern auch Stütze und Aneiferung, und haben, ihrem unglückseligen Opfer gegenüber, fast immer den Schein des Rechtes, somit auch das gewöhnliche Recht auf ihrer Seite. Diese Blutsauger sind entartete Creaturen, die, wollte man radical vorgehen und Gleiches mit Gleichem vergelten, eigentlich auf thurmhohen Galgen gehenkt werden müssten.

Aber, was erzeugt Wucher und Wucherer, was giebt allen Barbareien und Niederträchtigkeiten, die von diesen letzteren Scheusalen mit und ohne die Miene der Frömmigkeit ausgeübt werden, das Leben? Die Herrschaft des Tantum-quantum, des Geldes; die Strenge des Gesetzes, welche wider den sich richtet, der kein oder nicht genug Geld hat; die Grausamkeit des Staates und der Gesellschaft, welche den Besitzlosen niederreisst und bei lebendigem Leibe spiesst, viertheilt und brät.

§ 21.

Krieg — Brutalität, Infamie, Scheusslichkeit, Hohn auf alle Gesittung, Brandmal der Schande für Zeit und Ewigkeit! Aus welchem Grunde führt man neunundneunzig mal in hundert Fällen Krieg? Wegen Besitzes, wegen Geldes, wegen des herrschenden Tantum-quantum. Und womit führt man Krieg? Mit Geld. Ohne Tantum-quantum, ohne Geld kein Krieg, wenigstens nicht innerhalb einer Gesellschaft, die auf den Namen einer civilisirten, einer religiösen, Anspruch macht. Zahllose selbst- und gewinnsüchtige Interessen erzeugen den Krieg, unterhalten, verewigen dieses Scheusal. Ein Blick auf den Inhalt des Krieges reicht hin, um mit Schauder, mit tiefem Schmerz uns zu erfüllen; denn Alles, was wir erbaut haben in Jahrhunderten friedlichen Schaffens, was das Leben bedingt, erheitert, verschönert, vergeistigt, erhebt, ist da der Zerstörung preisgegeben, und die menschliche Natur selbst befindet sich in grösster Gefahr, von der mühsam erlangten Vervollkommnung plötzlich in die unterste Barbarei zurückgeworfen zu werden. Gebildete Menschen, welche vorgeben, die Religion des „liebe den Nächsten wie dich selbst" zu bekennen, fallen auf das blosse Commando eines Mitmenschen über den Bruder her, um selben zu vernichten, zu verstümmeln, in jeder nur denkbaren Weise zu quälen, zeitlebens unglücklich, zum Bettler zu machen. Und warum in letzter Reihe dies Alles? Aus Habsucht einer Minderheit, die bei weitem mehr geniesst, als arbeitet, auf die Welt mit Hohn und Verachtung herabsieht, und selbe als ausschliesslich zu ihrem Nutzen geschaffen betrachtet.

In der Welt des Tantum-quantum kann ohne Geld kein Krieg geführt werden. Das hierzu erforderliche Geld wird durch Steuern und Abgaben aufgebracht; je mehr Vorbereitungen zum Kriege und je mehr Krieg, desto höher und drückender Steuern und Abgaben, desto grösser die Zerstörung und Verwüstung der Städte und des Landes, desto grösser die Entsittlichung, die Knechtschaft. Die, welche das Geld zum Kriege darleihen, sind meistens gewissenlose Börsenfürsten, und die, deren eigentlichstes Interesse das gegenseitige Schlachten und Morden der Menschen ist, entweder gewissenlose Speculanten, die darauf ausgehen, ihren

Besitz in das Ungemessene zu vermehren, Geld- oder Bodenbesitz, oder aber arme Teufel, die ihre Haut zu Markte tragen, weil sie kein oder zu wenig Geld haben und leben oder sterben wollen; denn in den auf das Princip des Tantum-quantum gegründeten Gemeinwesen ist das Leben ohne Geld eine Unmöglichkeit und das mit zu wenig Geld Höllenqual.

Fällt der Mammon und es tritt Besseres an seine Stelle, so sind die Ursachen von neun Kriegen unter zehn sofort vollkommen beseitigt, und die des zehnten lassen durch etwas Menschenfreundlichkeit ohne besondere Umstände sich entfernen.

§ 22.

Die Normen des alltäglichen Daseins werden von Leuten des Durchschnitts aufgestellt und durch die den Gewalthabern eigenen Mittel aufrecht erhalten. Eine gewisse Zahl von Menschen, deren geistige Qualitäten jene der Philister und Bauern weit übertreffen, passt in dergleichen Rahmen nicht, bedarf grösseren Spielraums, ist deshalb und in ihrer ganzen Art den höheren und niederen Bauern, höheren und niederen Philistern unverständlich, unbequem, antipathisch. Besitzen nun die von der Natur bevorzugten Geister Geld in genügender Menge, so verzeiht ihnen der mittlere und niedere Mensch das maasslose Verbrechen, bevorzugt zu sein, und lässt sie ruhig gewähren. Besitzen sie aber kein Geld und sind sie genöthigt, solches zu erwerben, so verlangt die Oeffentlichkeit von ihnen, zu Kreuze zu kriechen und alle natürlichen Kräfte und Fähigkeiten in den Dienst des Egoismus zu stellen, oder wirft sie ganz aus der Gesellschaft hinaus und erklärt diese Armen vogelfrei.

Nicht jedem Menschen, der Antheil hat am Geiste, ist es gegeben, sich zu beugen, zu kriechen, sich selbst zu verrathen, um eines Silberlinges oder eines fetten Bissens wegen. Die das nicht können, sind zu einem Kampfe ohne Ende verdammt, aus dem sie nicht selten als Unsterbliche hervorgehen, aber durch Hunger und an gebrochenem Herzen persönlich sterben. Und die, welche wegen des Pfennigs zu Kreuze kriechen — die grösste Mehrzahl — und dem Staate dienen oder in den Sold des Egoismus treten, nützen weniger, als sie schaden; sie nützen durch die

Forschung und schaden durch die Literatur und durch die Philosophie.

Endlos sind die Klagen über den schlechten Zustand der Presse, der Literatur; ungleich geringer die Anlässe zu Beschwerden über die Wissenschaft. Die Abhängigkeit des Professors, des Akademikers vom Staate und den herrschenden Richtungen in der Gesellschaft möge nach Aussen hin bedeutend sein, nach Innen ist dieselbe in der ganzen gesitteten Welt ziemlich klein. Dagegen bedingt die Abhängigkeit des Literators von dem Zeitungskrämer und Buchhändler, die Noth der Literatoren, welche diese letzteren zwingt, ihre Ueberzeugung, ihr Gewissen der Gewinnsucht des Speculanten zu opfern, eine stetig wachsende Verschlechterung der Geistesproducte, die für die grossen Massen der so genannten Gebildeten und des Volkes bestimmt sind. Die Presse wird dem Egoismus dienstbar, dem Gelde unterthan: die Schriftsteller entarten und das Volk bekommt anstatt geistigen Brodes jämmerliche Steine, faulende Aepfel und elende Knochen. Auf diese Art wird einem entsetzlichen Materialismus in die Hände gearbeitet, die Verschlechterung des Geschmackes überall bei Volk und Gebildeten gefördert, und die Bestattung der Literatur zur Erde vorbereitet.

Ohne das Tantum-quantum, ohne das Geld, drängte kein Unberufener sich zu dem Studium, wiese die Gemeinschaft der Bürger keine Kraft zurück, machte kein Speculant den Genius sich dienstbar, um denselben auszupressen und schliesslich wegzuwerfen, gänge kein Weiser, kein Dichter, kein Künstler in den Hungertod. Von dem ganzen grossen Elend, welches der gegenwärtige Staat und die gegenwärtige Speculation über die Geister und, durch deren Degenerirung, über einen nicht unbeträchtlichen Theil des Volkes bringt, wäre ohne Tantum-quantum, ohne Geld, nicht die Rede.

§ 23.

In der Regel gelangen ehrliche Menschen, die gerade so sich geben, wie sie sind, kaum jemals zu Reichthum und nur ausnahmsweise zu Wohlstand, sondern bleiben meistens arm. Es folgt hieraus, dass die Ergatterung von Geld und Geldeswerth ein gewisses Maass von Heuchelei und ein ziemlich loses Gewissen voraussetzt. Mit Zunahme der Selbstsucht bei den Einzelnen und bei der Staatsregierung, mit Zunahme des Geschäftsgeistes, der Concentration vieler dem Landbaue entfremdeter Menschen in grossen Städten, u. s. w., wächst auch die Zahl derer, die um jeden Preis Geld und Geldeswerth ergattern, anhäufen wollen, und damit das Quantum der Heuchelei; denn ein Jeder, welcher seinen Mitbruder übertölpeln, prellen, betrügen, hintergehen will, muss anders sich geben, als er wirklich ist, muss heucheln, muss Empfindungen darlegen, die er nicht hat, und Empfindungen verbergen, die er hat.

Heuchelei ist schon an sich selbst unsittlich; steht sie aber in dem Dienste der Gemeinheit und Infamie, so wird sie im höchsten Grade gefährlich und bedroht die Gesundheit der Gesellschaft. Eine Gesellschaft, die aus Heuchlern besteht, ist werth, dass sie zum Teufel geht, und je mehr die Zahl der Hypokriten zunimmt, desto naturwidriger das ganze Leben der Gemeinde, der Familie, desto mehr schwindet Glaube und Vertrauen, Sympathie und Liebe, desto mehr betrachtet Einer den Andern als Mittel zu irgend einem gemeinen und lieblosen Zwecke, nutzt Einer den Andern aus. Endlich kommt es noch dahin, dass die Rede der Antipode der Gedanken und Gefühle ist, dass es gute Sitte wird, anstatt aufrichtig seine Empfindungen zu bekennen, dieselben nach aller Richtung hin zu verläugnen und zu maskiren. Die so genannte gute Sitte erfordert nichts mehr und nichts weniger, als vollendete Schauspielerkunst, und der beste Heuchler macht da immer die besten Fortschritte in Erwerb von Geld und äusserem Ansehen.

Je geschickter ein Mensch die Gesellschaft zu täuschen versteht, desto gewisser sein Erfolg. Demnach muss überall, wo das Tantum-quantum Princip des socialen Zusammenlebens ist, die Heuchelei blühen und den Boden alles Lebens vergiften, und es muss mit dem Falle dieses Princips und der Ersetzung desselben durch ein der höchsten Gesittung des Leibes und der Seele mehr entsprechendes, auch der Anlass zur Heuchelei, somit diese Niederträchtigkeit grösstentheils selbst fallen.

§ 24.

Prostitution der Frau! Welchen Ocean von Jammer und Elend drücken diese Worte aus! Prüfen wir die Veranlassungen der Prostitution, so finden wir, dass etwa neunzig derselben von hundert aus dem Boden des Tantum-quantum, des Geldes, entspringen. Nehmen wir zum Beispiele irgend eine Residenz, in welcher von den Dienern des Staates sehr viel Aufwand gefordert, denen aber sehr wenig Lohn gegeben wird: allgemeines Einsinken in Schulden, wenn nicht (und dies ist äusserst selten) grösseres Vermögen da ist, oder ein selbstsüchtiger, auf den Genuss der Reize der Frauen speculirender Crösus aushilft. Die Tugend erliegt also dem Zwange der durch das Tantumquantum, durch das Geld bedingten Noth.

Gehen wir tiefer hinunter zu den arbeitenden und dienenden Classen der Gesellschaft, so kommt immer und immer wieder das nämliche Bild uns vor Augen, nur mit anderen Variationen. Die geldgierige Kupplerin sucht in dem nothleidenden, hungernden Mädchen, welches bei dem Nähen von Handschuhen oder Wäsche kaum das trockene Brod erwirbt, ein Werkzeug zur Ergatterung höchsten Gewinnes. Der schlaue Bordellwirth weiss die arme und unerfahrene Prostituirte immer mehr in Schulden und Abhängigkeit zu bringen, seinen Gewinn aus ihrem Körper, ihrer jammervollen Preisgebung alltäglich zu erhöhen. Es geht diese gewissenlose Ausnutzung um des Mammons willen so lange weiter, bis die Natur selbst ein Ziel setzt und das unglückselige, geprellte und durch den Egoismus der Mörder seiner Organisation, seiner Seele, zu Grunde gerichtete Geschöpf alle Reize verloren hat. Nun tritt dieses arme Wesen entweder als Ruine in das bürgerliche Dasein zurück oder nimmt das entsetzliche Handwerk ihrer bisherigen Peiniger an, und mordet Seelen und Leiber um des Mammons willen.

Die Kinder der Prostituirten gehören meistens ganz und voll den verdorbenen, den gefährlichen Classen der Bevölkerung an, aus denen die Säufer, Diebe, Räuber, Einbrecher, Fälscher und überhaupt die Feinde der menschlichen Gesellschaft, grösstentheils hervorgehen, Feinde, die den Kampf um das Dasein allerdings mit Waffen und Mitteln kämpfen, welche denen mancher Börsenleute sehr nahe verwandt sind, ohne selbe an Infernalität zu erreichen, doch aber directer das Leben bedrohen und vernichten, als die Schlingen, Fallstricke und rosenumwundenen Fangeisen der höheren und verehrten Gauner dies wollen.

§ 25.

Gleichwie mit Verschwinden des Tantum-quantum und des Geldes sofort neun Zehntheile der prostituirten Frauen zu ehrbarem und naturgemässem Leben zurückkehrten und auch das letzte Zehntheil bald das Gebot der Natur in einer der Wohlfahrt der bürgerlichen Gesammtheit entsprechenden Weise erfüllte, so wäre es auch bald mit aller Säuferei und aller üppigen Fresserei zu Ende, und die Menschen kämen ziemlich rasch in das Geleise einer naturgemässen, die Gesundheit und Sittlichkeit fördernden Lebensweise, welche ihrerseits mächtig dazu beitrüge, die gegenwärtig noch so gewaltigen Anlagen zu tausend Krankheiten im Keime zu ersticken.

Massenarmuth und Massenreichthum, — hieran knüpft sich Säuferei und Fresserei, alle Ausschweifung, Ausartung, Unnatur. So lange das Tantum-quantum Grundlage der Gesellschaft ist, so lange werden Extreme des Besitzes zur Geltung kommen und auf der einen Seite den Hunger und die Verzweiflung nähren, auf der anderen Seite aber Ausschweifung und Prasserei in das Leben rufen und kräftigst unterhalten.

Zu normalem Leben gehört eine normale Menge von Nahrung und anderen Mitteln der Gesundheitspflege, auch ein gewisses Maass geistiger Anregung. Dies Alles fehlt dem mit Noth und Elend Ringenden mehr oder minder vollständig. Da aber die Natur den Einfluss jener Momente gebieterisch fordert und von einem Unterschiede zwischen Reichthum und Armuth absolut nichts weiss, somit auch hierauf nicht Rücksicht nimmt, so treibt der Instinct den Nothleidenden dazu, eines Mittels sich zu bedienen, welches die Verdauung schwerer Nahrungsmassen, die zugleich arm an Substanz sind, begünstigt, die Nerven anregt, bei Aufnahme ungenügender Mengen von Nahrung das Gefühl des Hungers nicht aufkommen lässt, und den Menschen durch Betäubung für Augenblicke wenigstens über das Bewusstsein des Elends, der ihm von den besser Gestellten, von dem Staate und allen möglichen Seiten her zugefügten Kränkungen, Schädigungen, Beleidigungen, und der Nichtachtung seiner moralischen Persönlichkeit hinwegkommen lässt.

Auf diese Art entsteht das Branntweintrinken, welches anfänglich Nothbehelf ist und in weiterer Folge Laster wird, ganze grosse Volksclassen vergiftend und verpestend. Ohne Tantumquantum keine Noth, ohne Elend keine Säuferei; ja, noch mehr, unter der Herrschaft des später zu entwickelnden, nicht neu erfundenen, sondern uralten Gesellschaftsprincips kann es gar niemals auch einen Anflug von Säuferei geben.

§ 26.

Prasserei und Ausschweifung entspringen aus Ueberfluss an materiellen Mitteln bei Mangel an Erziehung und Bildung. Das Tantum-quantum gewährt, wenn es bei Nachlass des Gegengewichts der Barmherzigkeit die Extreme des Besitzes hervorbringt, einer kleinen Minderheit mehr, als dieselbe vernünftiger Weise verbrauchen kann. Je geringer nun die geistigen Interessen und die Cultur des Herzens, desto mehr giebt das Uebermaass von Geld und Vorräthen Anlass zu Prasserei und Schwelgerei. In dem Grade diese sich ausbreiten, wird die Anlage zu Wahrnehmung der höheren Interessen ausgetilgt. Auf der anderen Seite ist Ausschweifung eine moralische Pest, ungemein ansteckend, geht weit über die Grenze des Reichthums hinaus, und richtet überall, wohin sie kommt, Unheil an und Verderben.

Man wird Erziehung und Bildung empfehlen gegen das Allzuviel des materiellen Genusses. Leicht ausgesprochen, schwer angewandt! Der gemeine Genuss lockt den niederen und mittleren Menschen an und stösst nur den höheren Menschen ab. Sollen jene den Reizungen der Völlerei entzogen werden, bedarf es stärkerer Mittel, als der erziehenden und bildenden Versuche; diese letzteren können zur Wirksamkeit gelangen, wenn die angedeuteten Mittel wirksam sind: es muss dem Menschen die Gelegenheit genommen sein, Missbrauch zu treiben mit seinen Kräften durch unvernünftige Verwendung der ihm gebotenen Werthe; es dürfen solche Werthe gar nicht ihm geboten werden; er muss essen, um zu leben, und darf nicht leben, um zu essen.

Dies ist nur möglich, wenn das Tantum-quantum aufgehört hat, die Grundlage des Daseins der gebildeten Völker abzugeben und demgemäss der verruchte Mammon zur Hölle gefahren ist.

§ 27.

Es arbeiteten die Menschen ehedem auch im Schweisse ihres Angesichts und liessen es sich sauer werden; aber der Arbeitswahnsinn, welcher heutzutage die Geister aller Sklaven der modernen National-Oekonomie beherrscht, war unbekannt. Die Folgen dieser Arbeitsmanie kommen immer deutlicher zu Tage: Zunahme von Irrsinn, Selbstmord, zerrüttetem Nervensystem, Zerreissung der heiligsten Bande, Empörung gegen Alles, was mit vorgefassten Meinungen und persönlichen Interessen nicht absolut übereinstimmt, u. s. w.

Der Arbeitswahnsinn macht den Menschen zur Arbeitsmaschine, fordert von dem armen Zweihänder mechanische Leistungen bis zu den Höhen des Chimborazzo, um daraus Geld und Geldeswerth zu formen in alle Ewigkeit hinein, zu eingebildeten Zwecken, zu vermeintlichem Nutzen für Individuen, zu wirklichem Schaden für grosse Mehrheiten. Der Arbeitswahnsinn ist eine Form der Manie und endigt, wie diese, bei der Person mit dem Tode, bei der Gesellschaft mit Auflösung, Zersetzung.

Kein Mensch braucht sich zu Tode zu arbeiten; wenn jeder nach seinen Kräften, seinem Gewissen und seiner Ehre wirksam ist, ohne das verruchte Tantum-quantum, leben Alle glücklich, zufrieden, gesund, in dem richtigen Verhältnisse von Thätigkeit und Ruhe. Die Lösung der socialen Frage kann demnach niemals in der Richtung des Arbeitswahnsinns, sondern nur möglich werden durch Abschaffung des Tantum-quantum und Ersetzung dieses Princips durch ein mehr naturgemässes, besseres, genialeres, grossherzigeres.

§ 28.

Zahlreiche Gegner und Feinde bedrohen die jetzt herrschende Gesellschaft. Der Grund hiervon ist eigentlich die entsetzliche Erbarmungslosigkeit und Habsucht, der Hochmuth und die Ausschreitung auf der einen, die Qual, die Beraubung, die Demüthigung, Sklaverei und Entbehrung, sowie der durch dies Alles hervorgerufene Hass und Neid auf der anderen Seite. Nehmen wir an, die jetzt unterdrückten Classen bekämen die Oberhand und die herrschenden verwandelten sich in die beherrschten: wäre da zu hoffen, dass das grosse Uebel der Zeit Heilung fände, die sociale Frage zur Lösung käme? Niemals! Ganz im Gegentheil, es entbrennte der Kampf noch heftiger und Einer vernichtete den Andern.

Mit den Feinden und Gegnern der Gesellschaft kann es nur besser werden, wenn das Tantum-quantum aufhört, Princip des Lebens zu sein, wenn jeder Mensch der Bildung und Veredelung theilhaftig wird, welche erforderlich ist zu vernünftigem und gemüthlichem Dasein, welche die Sklaverei unmöglich macht und die Ausnutzung des Einen durch den Anderen. Das Tantumquantum ist das allgemeine Hemmniss des Guten für die grosse Mehrzahl der Bürger, die Quelle, aus der ununterbrochen alles Elend fliesst und alle Leidenschaften genährt werden und mit diesen der Kampf gegen die Gesellschaft.

Aus alle dem geht hervor, dass die höchst civilisirten Nationen, wenn sie ihrer Cultur gemäss glücklich leben und die Wohlthaten dieser letzteren allen ihren Mitgliedern möglichst gleichmässig zukommen lassen wollen, das Princip des Egoismus in der nämlichen Art innerhalb des öffentlichen und privaten Daseins aufgeben und mit dem Princip der Sympathie vertauschen müssen, wie das in der Religion geschah.

Ein Jeder arbeite in seiner Art, gewissenhaft, nach seinen Kräften; ein Jeder arbeite ohne äusseren Zwang, für die Gesammtheit: so wird Niemand nöthig haben, sich aufzureiben, sondern immer seine frische Kraft bewahren; es wird Keiner hungern und auszehren, sondern Alle werden glücklich leben und glücklich sein. Arbeitet Einer für Alle, so arbeiten Alle für Einen. Die Sympathie macht den Egoismus entbehrlich. Die Nächstenliebe ist der Friede. Erst dann hört der Mensch auf, ein wildes Thier zu sein, wenn das Tantum-quantum gefallen ist.

Die civilisirte Gesellschaft.

§ 29.

Normales Leben erfordert Grundbesitz, Heim, Familie, Arbeit, Genuss. Der Mensch ist keine Arbeitsmaschine, sondern ein Organismus mit beschränkten Kräften. Ist er auf sich selbst angewiesen, so geht seine Arbeit bis zu einem bestimmten Puncte mehr oder minder erfreulich vorwärts, wenn nicht äussere Hemmnisse irgend welcher Art störend einwirken. Nun aber giebt es vielerlei Arbeit, die auch bei grösstem Aufwande von Ausdauer und Kraft nur das nackte Leben erhält, ohne das Ansammeln von Vorräthen zu ermöglichen, die somit den Arbeiter dem Elend preisgiebt, wenn Krankheit oder der Fortschritt des Alters seine Kraft vermindert oder lähmt. Hieraus fliesst, dass der Mensch in der einen oder in der anderen Art des Beistandes seiner Mitmenschen bedarf, und dass die gesellschaftliche Vereinigung Ausfluss jenes Instinctes ist, kraft dessen wir unser Dasein zu erhalten suchen.

In eigentlich civilisirten Gesellschaften kann aber jede einzelne Persönlichkeit nur dann sicher gestellt und vor aller Sorge um das Futter, vor Noth und Elend bewahrt sein, bewahrt bleiben, wenn jener Instinct nicht durch den Egoismus sich bethätigt, sondern durch die Sympathie; wenn die Arbeit des Einen Allen zu Gute kommt und die Arbeit Aller jedem Einzelnen; wenn es persönlichen Besitz und gemeinsames Eigenthum giebt, bei strengem Ausschluss alles Tantum-quantum.

§ 30.

In eigentlich civilisirten Gesellschaften gehört der von denselben bewohnte Theil der Erdoberfläche der Gemeinschaft aller Bürger. Da aber jeder Einzelne nur leben, normal sich entwickeln und gedeihen kann, wenn er persönliches Eigenthum hat: Grundbesitz und ein Haus, so giebt die Gemeinschaft aller Bürger dem Individuum, sowie es in das Alter der Reife tritt, ein grösseres oder kleineres Stück Land und ein Haus, damit eine Familie gegründet und die entsprechende Arbeit geleistet werde.

Weil nun jeder Einzelne nicht blos seinen Garten und sein Feld besorgt, um einestheils mit der Natur beständig in Berührung zu bleiben und durch selbst gezogene Früchte Leib und Seele zu erquicken, sondern auch einen bestimmten, seinen natürlichen Anlagen, Fähigkeiten und Neigungen entsprechend erwählten Beruf ausübt und dieser durch gute Erziehung ihm heilig gewordenen Aufgabe mit ganzem Herzen sich hingiebt, so wird beständig nach allen Richtungen hin gearbeitet und von allen Einzelnen zusammengenommen mehr erarbeitet und mit Leichtigkeit, weil mit Freude, erwirkt, als alle Familien zusammen genommen brauchen. Giebt nun Jeder den von ihm erzielten Ueberschuss seiner Leistung, welche Form dieselbe immerhin haben möge, an die Gemeinschaft der Bürger ab, so findet jeder Einzelne in dem grossen Magazine des Staates alle Bedürfnisse, die er durch eigene Arbeit nicht schaffen konnte, und wird von dem Verwalter desselben im Namen des Staates damit versehen.

Es ist ganz einerlei, wieviel der Einzelne in das Magazin liefert: er arbeitet nach bestem Wissen und Gewissen und nach seinen Kräften, und bekommt ganz einfach seinen Bedarf. Da immer gearbeitet wird und Jeder nur so viel bekommt, als er zu würdigem und gesundheitsgemässem Leben braucht, und da alle Gemeinden in jeder Beziehung ohne Eigennutz einander aushelfen, so ist immer Vorrath da und Keiner kann darben, leiden, das Nothwendige vermissen.

§ 31.

Keiner appellirt an den Eigennutz des Anderen; es werden also die niederen Triebe der Seele niemals erweckt, niemals ausgebildet; es stellt sich kein Gewinn vor den Menschen und trennt kein Ladentisch den Menschen von seinem Nächsten; es speculirt Niemand mehr auf den Besitz des Nächsten, und Kauf und Tausch sind glücklicher Weise für immer zur Hölle gefahren; das Tantum-quantum ist absolut überflüssig, und Geld absolut unbekannt.

Das Interesse aller so lebenden Nationen ist der Friede, und die Beziehungen der Völker untereinander, deren Länder nur noch durch die Grenzlinien der Verwaltung abgetheilt werden, regeln sich ohne Diplomaten, ohne Militär und ohne Krieg. An Stelle der Soldaterei tritt die Gymnastik, und die bisherigen Diplomaten sind entweder als Gelehrte wirksam, oder als Landwirthe thätig, oder als Friedensrichter, Seelsorger, Verwalter des Staates der Menschheit nützlich.

Während unter der Sklaverei des Tantum-quantum nur Wenige Eigenthum besitzen und die Allerwenigsten in ihrem Eigenthum ganz gesichert dastehen, bietet das neue Leben absolute Sicherheit des privaten und öffentlichen Daseins und die vollständigste Gelegenheit für jeden Einzelnen, alle guten Keime seiner Seele zu erwecken und auszubilden. Die Grundvoraussetzung aller gedeihlichen Entwickelung der höheren Qualitäten, Sicherheit und relative Vollkommenheit des materiellen Daseins, ist also gegeben. Es bleibt nur noch übrig, die allgemeine Nächstenliebe, das Ehrgefühl, den Enthusiasmus, die Freiwilligkeit der Pflichterfüllung und die moralische Freude an der Arbeit (neben der physischen Lust dazu) sorgfältig zu wecken und zu cultiviren. Die Mittel hierzu sind Religion und Kirche, Erziehung und Familie, Bildung und Schule.

Religion und Kirche.

§ 32.

Einerlei, auf welcher Stufe der geistigen Bildung ein Mensch sich befinden möge, er ist mit seinem Nächsten immer durch ein unsichtbares Band verknüpft, welches in Gefühlen wurzelt, die denen des Egoismus entgegengesetzt sind. Je weniger dieser letztere durch Unterlassen und Zuthun ausgebildet wird, desto intensiver kommt das Mitgefühl und die gegenseitige Verpflichtung zum Ausdruck: die Religiosität. Eine Gesellschaft, welche, indem sie das egoistische Princip ausschliesst, auf das religiöse sich stützt und die edlen Gefühle des Herzens pflegt, parallel mit der Vervollkommnung des intellectuellen Lebens, verdient erst den Namen einer wahrhaft civilisirten; denn raffinirte Selbstsucht mit Unterdrückung der Religion auf Kosten des Verstandes ist grausame Halbcultur, auch wenn die Wissenschaften noch so hoch entwickelt sind.

Ist die Grundlage unseres gesellschaftlichen Systems die Nächstenliebe und die Freiwilligkeit der Pflichterfüllung, so müssen wir die sympathischen Gefühle ununterbrochen und intensiv pflegen, um die Menschen immer mehr und mehr zu veredeln, auf der anderen Seite auch vor jedem Rückfall in die bluttriefende Bahn des Egoismus zu bewahren.

Dies geschieht durch Einfluss einer beglückenden Religion mittelst des Instituts der Kirche, und zwar mit Hülfe einer Kirche, die der Theologie fremd ist und nur Seelsorge, Veredelung des Gemüthes, Verbesserung der Moral und Verschönerung des Daseins zum Ziele hat.

§ 33.

Als eigentlichste Aufgabe der Kirche ist die fortgesetzte sorgfältige Erziehung des Menschengeschlechts zu betrachten. Zu aller Erziehung gehören Erzieher, zu aller Seelsorge Seelsorger; demnach kann keine Kirche gedacht werden ohne Priester, und den Priestern muss es zukommen, die Ideale der Religion in die Wirklichkeit des täglichen Lebens zu übersetzen, den Segen der Religion nach allen Richtungen hin zu verbreiten.

Höchst civilisirten Nationen kann nur eine einzige Religion entsprechen: die der selbstlosen Liebe, und die Kirche kann nur die Bestimmung haben, die Harmonie der Religion mit dem gesellschaftlichen System des Wohlwollens herzustellen und jederzeit aufrecht zu erhalten. Die Kirche hat die Aufgabe, das Gemüth der Menschen mittelst der Religion zu veredeln, alle niederen, in ihrem Emporwachsen stets gemeinschädlichen Begehrungen und selbstsüchtigen Leidenschaften zu bändigen, zu unterdrücken, den Geist zu bilden, die Bildung so in Uebereinstimmung mit dem veredelten Gemüthe zu setzen, dass allgemeine Zufriedenheit, wahre Freude am Leben und Wirken, und die Fähigkeit, alle Fügungen des Schicksals mit Seelenstärke zu ertragen, die Folgen sind.

Hierzu gehört eine grosse, das Gefühl des Einzelnen jedoch niemals belästigende, edle Activität des Priesters, der nicht blos in der Kirche predigt und Handlungen des Cultus verrichtet, sondern auch überall hingeht, wo Jemand leidet, und mit allen den grossen Mitteln des Heiles, welche ihm als Sendboten der Religion der Liebe reichlich zur Verfügung stehen, aus dem Uebel Segen macht.

§ 34.

Nur bei einer sehr beschränkten Zahl von Menschen können die höchsten Kräfte des Gemüthes ohne alles Positive der Religion entwickelt und in Blüthe erhalten werden; die grösste Mehrzahl der Erdensöhne bedarf des Positiven als eines Ankers auf dem Meere des Daseins, welches, ob auch des Leibes Nothdurft sicher sei, doch immer Wellen schlägt.

Zwei Dogmen sind es, welche die Kirche unter allen Umständen aufrecht erhalten muss: der Glaube an eine die Welt erfüllende und regierende Gottheit, und der Glaube an das Fortleben der Seele nach dem Tode des Leibes. Diese Dogmen erst gewähren dem Dasein Poesie, eröffnen dem Menschen Ziele seines Lebens und Strebens, sind der Quell seiner Ideale, und sichern jenen Frieden der Seele, der die unerlässliche Bedingung alles eigentlichen und normalen Bestehens ist. Praktisch hat der Glaube an Gott und Unsterblichkeit bei richtiger Stellung zu der Moral der selbstlosen Liebe die besten Erfolge; denn er vermag unter dieser Voraussetzung das Aufwuchern der egoistischen Begehrungen, der antisocialen sowie unliebenswürdigen Neigungen sicher zu hemmen.

Niemals darf der Mensch sich übermächtig, niemals allzu elend fühlen; beiderlei giebt Leiden ohne Ende das Leben und zerstört schliesslich den Organismus der Gemeinschaft. Der Glaube an einen allmächtigen Gott (möge dieser als ewiges

Licht, als Weltengott oder als Vater des Himmels von der betreffenden Individualität aufgefasst werden) dämpft den Uebermuth, der Glaube an die Unsterblichkeit der Seele bricht die Wucht der Leiden und erhält den Leidenden aufrecht, erfüllt ihn mit frohem Muthe und nimmt die Furcht vor dem Tode.

§ 35.

Für den Priester, den Seelsorger, ist die Gesundheit der Seele das Endziel alles Wirkens, der Glaube aber unter allen Umständen das beste Mittel, den grossen Zweck zu erreichen. Dies beeinträchtigt die Würde des Glaubens nicht im Geringsten; denn nur, wenn dieser letztere im höchsten Ansehen bei den Menschen steht und den Krystallisationspunct der Gefühle ausmacht, kann von gutem Gedeihen und dem nothwendigen Einfluss der Religion der selbstlosen Liebe die Rede sein. Der Priester wird nicht zu dem Volke sagen: du sollst Gutes vollbringen, um den Lohn der Gottheit in einer anderen Welt zu empfangen und der Gottheit zu gefallen; denn dies wäre nichts Anderes, als das elende Tantum-quantum auf dem Gebiete der Religion. Aber der Priester wird zu allem Volke sagen: du, Ausfluss der Gottheit, wie alles Seiende, aber auf die höchste Stufe der organischen Vervollkommenung gelangt, — sollst das Gute thun um seiner selbst willen, dich nicht erniedrigen durch Böses, und gereift im Guten aus dieser Welt treten in die andere Welt, in das ewige Leben, welches dein Ich immer mehr und mehr dem Wesen der Gottheit näher bringt.

Das Gute um seiner selbst willen; dem Nächsten und der Gesammtheit aller Nächsten die gleiche Liebe, wie der eigenen Persönlichkeit; den anderen Wesen, den minder vollkommenen, Schutz, Liebe, Sorgfalt, soweit ihr Thun nicht darauf gerichtet ist, unser Dasein zu zerstören; — dies zu erwirken ist die heilige Aufgabe der Priester, der Kirche, die mit Erfüllung dieser Aufgabe die Grundsäulen der neuen, der wahrhaft gesitteten Gemeinschaft herstellt und dem Staatsprincip der Sympathie Dauer sichert für Zeit und Ewigkeit.

§ 36.

Gegen sich selbst strenge, gegen den Mitbruder nachsichtig, — hierauf beruhe alles gesellschaftliche Zusammenleben, alle Sitte, alles Gesetz. Mit dem guten Beispiel eines solchen Handelns muss die Priesterschaft dem Volke vorangehen. Und dies findet ohne Schwierigkeit statt, wenn die Priester nicht mehr Theologen sind, sondern ausschliesslich Seelsorger, nicht Geschäftsleute, Diener des Tantum-quantum, sondern aufrichtige Freunde der Menschheit, begeisterte Förderer aller höheren Interessen.

Alle Werke der Barmherzigkeit haben in der Kirche ihren Mittelpunct und müssen von deren Priestern unbedingt und jederzeit ausgeübt werden. In das Bereich der Barmherzigkeit gehören die Seelsorge, die Geistesbildung der grossen Massen, die Gesundheitspflege, die Krankenheilung, die Besserung der Uebelthäter, der Ausgleich gefährlicher Spannungen innerhalb der Familie und des öffentlichen Leben, die Erhaltung der Familie und der Gesellschaft auf möglichst gutem Standpuncte der naturgemässen Moral, die Beschützung des Verfolgten, die Rettung des Unschuldigen, die Bannung der Vorurtheile und Lähmung der Gewaltthätigkeit. Dies Alles muss in einer Kirche der Menschheit seinen Mittelpunct finden und von deren Priestern mit vollster Sorgfalt, Gewissenhaftigkeit und Kenntniss der Umstände und Verhältnisse ausgeübt werden.

Zu diesem Behufe aber ist es nöthig, dass die Sendboten der Religion der selbstlosen Liebe einen Organismus ausmachen, in welchem jedes Individuum relativ selbständig seine bestimmte Aufgabe vollbringt und jederzeit mit dem Centrum in dem genauesten Rapport steht, dem Centrum ohne Verlust der eigenen Ueberzeugung sich unterordnet. Ich will die Zügel, den Mittelpunct, einem Patriarchen in die Hände legen, diesem als Helfer Bischöfe und den Bischöfen Pastoren oder Priester unterstellen, und einem solchen Organismus die Verwaltung aller Angelegenheiten der Barmherzigkeits-Pflege überantworten.

Niemand kann gezwungen werden, in irgend welche Beziehung zu der Kirche und deren Priestern zu treten; aber die Kirche wird durch ihre Organe alle der Hülfe Bedürftigen aufsuchen lassen, um denselben alle nur erdenkliche Hülfe absolut uneigennützig zu gewähren.

Erziehung und Familie.

§ 37.

Da in der höchst civilisirten Gesellschaft das Tantumquantum widernatürlich und fremd, das Geld völlig unbekannt ist, und von Sorge um des Leibes Nothdurft, von Hemmnissen der Erziehung, wie solche gegenwärtig durch den Mangel an Besitz verursacht werden, gar nicht die Rede sein kann, so kommt die Familie zu voller Geltung und dadurch die Erziehung erst zu voller Kraft. Während in den Gemeinwesen, welche unter der Tyrannei des Geldes leben, die ganze Erziehung mehr oder minder ausschliesslich von dem Mammon abhängt, zahlreiche Menschen mit den besten Anlagen in Folge dessen nicht, oder mangelhaft, oder naturwidrig erzogen werden, andere mit schlechten Anlagen wegen Elends oder Ueppigkeit ihrer Eltern niemals der entsprechenden Leitung und Verbesserung theilhaftig werden, somit gute Erziehung zu den Ausnahmen gehört, unvollkommene, ja schlechte Erziehung die Regel ausmacht, — muss in den Gemeinwesen, deren Grundlage die Sympathie, deren Religion die selbstlose Liebe ist, gute Erziehung die Regel sein, kann mittelmässige Erziehung nur selten, schlechte aber nur als Ausnahme erscheinen; denn wo die Extreme in den Bedingungen des Daseins fehlen und Jedem alles Gute und Erforderliche geboten wird, kann kaum Jemand in eine naturwidrige Richtung hineingerathen.

Das Princip der Sympathie befreit also die Familie von den äusseren und inneren Hemmnissen normaler Entwickelung, befähigt die Eltern, ihre Nachkommen zu tugendhaften, liebenswürdigen und gesunden Menschen zu erziehen und dadurch deren Leben zu verlängern, den Inhalt des letzteren dem allgemeinen Nutzen und der Förderung der höchsten Interessen gemäss zu gestalten, und sichert die vollste Harmonie der Familie, gleichwie des Lebens mit der Religion.

Zu den Grundvoraussetzungen normaler Erziehung gehört

normales leibliches Bestehen und freie Entwickelung der seelischen Kräfte; beides gewährleistet das System der Sympathie in vollstem Maasse für alles Volk.

Bildung und Schule.

§ 38.

Mögen die Bewohner dieser Erde auch die höchsten Grade der Gesittung erreichen, es wird immer das Maass der Geistesanlagen und Bildungsfähigkeit bei jedem Individuum ein anderes sein. Deshalb können nicht alle Menschen der Pflege von Wissenschaft und Weltweisheit sich widmen, sondern es muss die grosse Mehrzahl den unmittelbaren Berufen, der eigentlichen Arbeit sich zuwenden, die ja durch den Hinwegfall des Tantumquantum alles Herbe verliert und alles Bittere, zum Bedürfniss wird und zur Lebensfreude.

Zu gesittetem Dasein überhaupt, zu jedem Berufe insbesondere, gehört ein gewisses Maass allgemeiner Bildung. In den Staaten des Tantum-quantum, des Mammon, wird der Erwerb dieser elementaren Bildung, trotz Schulzwang und dieser und jener guten Schuleinrichtung, für die arbeitenden und dürftigen Classen höchst schwierig, ja unmöglich, und zahlreiche Keime, die dem täglichen Leben zu den schönsten Blüthen und Früchten verholfen hätten, gehen unter, ohne zu nützen oder nachdem sie, mit Gewalt auf falsche Wege und schlechten Boden getrieben, der Gesellschaft oft genug auf das Empfindlichste geschadet.

§ 39.

An der Kirche der Menschheit ist es in dem Staate der Sympathie, allem Volke diese elementare Bildung, wie solche einerseits die unerlässliche Voraussetzung alles gebildeten Lebens und eines jeden Berufes, andererseits wieder die Vorstufe aller höheren Geistesbildung ist, organisch verbunden mit jener Civilisation des Herzens zu überliefern, welche die Grundlage alles humanen Lebens ausmacht. Da nach dem Hinwegfall des Tantumquantum mit der Zeit nicht mehr geknickert zu werden braucht, und kein Kind mehr genöthigt ist, in der Fabrik zu arbeiten oder sonst wie der geistigen Pflege durch die Schule sich zu entziehen, so hat jeder emporwachsende Mensch genügend Musse, die nöthigen Kenntnisse zu eigen sich zu machen, und es ist somit auch keine einzige Kraft der Gesellschaft verloren.

Die Kirche der Menschheit ist in dem humanen Gemeinwesen die höchste Macht; aus diesem Grunde soll auch die elementare Bildung ihren Ausgang nehmen von der Kirche, die Lehrer sollen Priester sein, und als Seelsorger, Erleuchter, Gatten und Väter die Harmonie von Geistes- und Herzensbildung, die ja nur auf dem Boden der Einsicht, Liebe und Fürsorge erwächst, den ihrer Pflege Anbefohlenen übermitteln. Solcher Art wird auch dem Lehrer jene Achtung in der Gesellschaft gesichert sein, deren ebenso sein Stand, wie seine Persönlichkeit würdig ist und bedarf.

§ 40.

Im Allgemeinen wird Jeder bis zu seinem funfzehnten Lebensjahre die Schule besuchen. An diesem Wendepuncte des Lebens angelangt, werden zunächst seine persönliche Neigung, und in zweiter Linie die Ansichten der Lehrer und der Eltern, darüber entscheiden, welchen Beruf der Jüngling zu wählen habe. Die kleinste Zahl der fertigen Schüler wird natürlich den Wissenschaften zuschreiten, die grösste Zahl wird nunmehr in das praktische Leben eingehen und einen derartigen Beruf, sei es Handwerk oder Kunst oder Verkehr oder Landbau, erküren.

Aber, möge zur Arbeit des Lebens die eine oder die andere Profession erwählt werden, dem Menschen muss immer reichlich Gelegenheit geboten sein, Fortschritte zu machen in Geistes- und Herzensbildung. Den Grund zu solchen erbaut gute Familien-Erziehung, und die Gelegenheit dazu geben Fortbildungsschulen einerseits und der Einfluss der Religion durch die Kirche andererseits.

Erkennt Jemand im Laufe seines Lebens, einerlei ob frühzeitig oder spät, er habe in der Wahl des Berufes sich geirrt, so ist er durch gar nichts gehindert, einem anderen Zweige menschlicher Thätigkeit seine Kräfte zu widmen, und zwar demjenigen, zu welchem er seiner Ueberzeugung nach am meisten

Anlage hat und am stärksten hinneigt. Da in der humanen Gesellschaft der Mensch durch keine Arbeit erniedrigt werden kann, weil jede Arbeit das Wohl der Gesammtheit ausschliesslich fördert, so hat auch Wechsel des Berufes, weil nicht gemeine Gewinnsucht dessen Beweggrund ist, nicht den geringsten, das Ansehen der Person vermindernden Einfluss.

§ 41.

Gleich dem elementaren Unterricht, hat auch der mittlere und höhere die Beigabe strenger Disciplin und, auf der anderen Seite, religiöser Bildung. Gymnasium und Universität, sowie alle Fachschulen, welche diesen beiden analog sind, stehen jederzeit Allen offen; nur muss der in die mittleren Schulen Tretende der strengen Ordnung des Schulplanes sich fügen und von unten anfangen.

Die höchsten Lehranstalten gewähren öffentliche Vorträge. Weil aber diese letzteren für den Menschen ohne Vorbildung nicht ganz oder auch gar nicht verständlich sind, der mangelhaft Vorbereitete aber durch populäre Lectionen, welche in jedem Gemeinwesen gehalten werden, genügend Belehrung und Gelegenheit zu weiterer Pflege des Geistes findet, so ist es durchaus sicher, dass die Vorlesungen der akademischen Lehrer niemals oder doch nur ganz ausnahmsweise von Unreifen werden besucht werden und dass Jeder, dem es ernstlich darum zu thun ist, etwas Ordentliches zu lernen, auch entsprechend durch das Gymnasium sich vorbereiten dürfte, zumal ein Tantum-quantum nicht hindernd im Wege steht.

Es wird der Staat diejenigen Schüler und Studenten, deren Eltern nicht im Orte des Unterrichts wohnen, entweder bei Familien, die hierzu sich anbieten, unterbringen oder, wenn dies nicht ausreichend der Fall sein sollte, den Jünglingen in besonderen Häusern Wohnung anweisen und Verpflegung durch besonders hierzu bestimmte Beamte gewähren lassen. Doch wird die Unterbringung in Familien unbedingt vorzuziehen sein. Jeder Schüler, jeder Student unterwirft sich der Hausordnung und dem väterlichen Schutze seines Obdachgebers.

§ 42.

Obgleich jedes Amt ein Ehrenamt ist und dessen Verwaltung nichts mehr und nichts weniger bedeutet, als die Erfüllung einer Pflicht gegen die bürgerliche Gesellschaft, so erfordert doch jedes Amt, ganz ebenso wie jeder ungelehrte Beruf, seinen vollen Mann, eine ganze und vollendete moralische Persönlichkeit.

Daher wird es in Gymnasien, Universitäten und anderen höheren Lehranstalten darauf ankommen, jeden Lernenden nicht blos in genauester Weise mit der Wissenschaft und deren Anwendung bekannt zu machen, sondern auch an dessen sittlicher Vervollkommnung kräftigst zu arbeiten, um so fertige und ganze Menschen in die höheren Berufe zu bringen, die durch ihr ganzes Leben und Wirken den Anderen als gutes Beispiel voranleuchten.

Kunst und Wissenschaft.

§ 43.

In dem Staate der Humanität giebt es den grössten Raum und den fruchtbarsten Boden für die Entwickelung und das Gedeihen aller Kunst und Wissenschaft; denn die barbarische, geist- und gemüthlose Schranke, welche bei den Halbcivilisirten den Aufschwung des Geistes tausendfach lähmte, Kunst und Wissenschaft zu Broderwerb und Handthierung machte, das Tantum-quantum mit seinem verruchten Mammon, ist hier absolut unbekannt. Hier kann der Genius frei sich erheben und veredelnd, läuternd, bildend auf alle Classen und Theile der Bevölkerung wirken, somit den Sinn für alles Gute, Grosse und Wahre lebendig erhalten, Verbrechen, Ausartung und Laster verhüten.

Fest überzeugt, dass bei Hinwegfall der materiellen Hemmnisse der Poesie weit weniger gedichtet werden wird, als jetzt, wo tausend und aber tausend gepresste Herzen durch den Reim sich Luft machen, wird aber nachher immer noch so viel gedichtet werden, dass, sollte jeder Vers durch den Druck Vervielfältigung erfahren, die Hälfte aller Druckerpressen Tag und Nacht arbeiten müsste. Hier dürfte folgender Ausweg zu treffen sein.

In jedem Canton oder auch in jeder Provinz fände jährlich die Krönung einer bestimmten Anzahl von Dichtwerken statt. Eine Commission von Sachverständigen und Parteilosen beurtheilte die mit einem bestimmten Zeichen versehenen Poëme, welche den Namen des Autors in einem versiegelten Briefumschlag enthielten, und wählte die so und so viel besten zum Drucke und zur Veröffentlichung aus. Man druckte die Arbeiten sodann in einer bestimmten Anzahl von Exemplaren und versendete diese letzteren an die Bücher-Niederlagen des Staates, behufs Vertheilung an das betreffende Publicum, an die Bibliotheken und an die hervorragendsten Gelehrten und Zeitschriften. Dass genauer Nachdruck mit gewissenhafter Angabe des Autors überall gestattet wäre, versteht sich von selbst. Die nicht für druckenswerth befundenen Reime gelangten an den Schmied derselben zurück, dem es natürlich frei stände, die Kinder seines Geistes, so lange solche nicht gegen das natürliche und ästhetische Gefühl verstossen, in irgend einem Zeitungsblatt zu veröffentlichen.

§ 44.

Malerei und Bildhauerei müssen in jeder Weise anerkannt und gefördert werden. Man veranstaltete jährlich einmal in den Hauptstädten der Provinzen grossartige Ausstellungen, suchte die besten Arbeiten, die auch zu krönen wären, für die öffentlichen Sammlungen, für den Schmuck der Paläste, Anlagen, Plätze, Kirchen, Schulen heraus, und gäbe die anderen an alle diejenigen Persönlichkeiten ab, die in irgend einer Art um die Menschheit sich verdient gemacht, und zwar zu beständigem vererbbarem Eigenthum, welches bei Aussterben der Familie an den Staat zurückfiele.

Kein Maler und Bildhauer könnte gezwungen werden, die Erzeugnisse seines Genius an die Gemeinschaft zu liefern; aber, wollte er alle zurückbehalten, so machte er einer grossen Verletzung der Pflichten gegen die Gesellschaft sich schuldig und lüde Verantwortung vor dem eigenen Gewissen auf sich, setzte auch leicht öffentlichem Tadel sich aus. Doch, der Ehrgeiz der Künstler wird die Welt kaum jemals um den Genuss der Früchte der Kunst bringen.

§ 45.
Musik und Theater sollen an keinem Orte fehlen. Man wird überall Vereine fördern, die Musik, Oper und Schauspiel pflegen und in allen Mittelpuncten des öffentlichen Lebens, zumal in den grösseren Städten, Akademien der Musik aufrichten, prachtvolle Theater erbauen, und die hervorragendsten Künstler dahin bestimmen, ihrer Pflicht gegen die Gemeinschaft an diesen Stätten zu genügen und da dem Dienste der Musen nach Herzenslust zu leben, in reinem Schaffen sowohl, wie in Unterweisung der aufwachsenden Generationen.

Durch die innigen Rapporte der Künstler mit dem Familienleben der Orte ihres Aufenthalts gelangt der Cultus des Schönen zu grosser Ausbreitung, und wird in seiner ganzen und vollen Reinheit erhalten, da durch das herrschende Staatsprincip der Sympathie der Sohn der Kunst allen den Beziehungen fremd bleibt, die unter der Zuchtruthe und Geissel des Egoismus die Kunst profaniren und den Künstler verderben.

Mit Abwesenheit aller Noth hört das Unwesen der Bänkelsänger, Winkelkomödianten und anderen Kunstschänder auf; denn es wird sodann nur der wirklich Berufene den Weg der Kunst wandeln und der fein entwickelte Geschmack des kunstverständigen Publicums sowie der urtheilsfähigen Kritiker wird dem unechten Priester des Apoll andere Wege öffnen. Alle Kunstverderbniss quillt aus Noth; wenn Elend unbekannt ist, geht Niemand aus Verzweiflung zur Bühne und zieht Niemand mit einem Leierkasten durch das Land.

§ 46.
Für die ästhetische Entwickelung des ganzen Volkes ist nichts so bedeutungsvoll, als der Aufschwung und die Blüthe der gewerblichen Kunst. Wie anders wirken die Orte des Aufenthalts auf uns ein, wenn sie in edlem Style erbaut und kunstvoll geschmückt sind, als wenn sie der Caserne gleichen und das Gefühl der Schönheit kränken!

Die Geräthe und Vorrichtungen, welche zu täglichem Gebrauche innerhalb unserer Wohnung dienen, erfreuen uns nur dann, wenn sie nicht blos zweckmässig, sondern auch schön sind. Die Kunst im Gewerbe ist ein wesentliches Mittel, unsere Glückseligkeit zu fördern, und es macht daher sich erforderlich, dieselbe nach allen Richtungen hin bestens zu begünstigen.

Doch, was ist es in den Staaten des Tantum-quantum, das die gewerbliche Kunst oft genug ganz zurückdrängt, die Poesie immer mehr und mehr aus dem Dasein entfernt und den Sinn für das Schöne fortschreitend austilgt? Einzig und allein der Missbrauch des Mammon, das Fehlen desselben an dem einen Orte und die Verschwendung desselben an dem anderen Orte zu Zwecken nackter Selbst- und Herrschsucht. Dort, wo Krieg und Vorbereitungen dazu, auf der anderen Seite maasslose Genusssucht, alle aus der Arbeit geprägten Werthe verschlingen, macht Alles sich hinfällig, was über die grobe Nützlichkeit und das unbedingt Nothwendige hinausgeht. Aus diesem Grunde steht die gewerbliche Kunst jederzeit unsicher in den Staaten des Egoismus, und verfällt unbedingt, wenn die brutalen und eigennützigen Interessen die besseren und edleren überwiegen. Dieses Letztere kommt nun dort, wo alles Leben und Wirken von selbstsüchtigen Beweggründen den Ausgang nimmt, also eigentliche Sicherheit vor dem Rückfall in die Barbarei nicht gegeben ist, sehr leicht und bei jeder zweiten Constellation alsbald vor.

§ 47.

Da die Gemeinschaft aller Bürger, der Staat, aus dem Ocean seiner allgemeinen und localen Magazine Alles liefert, was zum Betriebe der Wissenschaft erforderlich ist, so hat dieser letztere kein einziges Hinderniss von äusserer Art zu bekämpfen, und Wissen, Forschen, Erkenntniss nehmen den höchsten Aufschwung. Hieraus fliesst der grösste Segen für die ganze Bevölkerung; denn nichts verschönert, erleichtert, ja ermöglicht unser normales Dasein mehr und vollkommener, als die Wissenschaft und deren Anwendung.

In den Reichen des Tantum-quantum, wo die Wissenschaft, gleich allen anderen höheren Interessen, der eisernen Gewalt des Mammon unterthan gemacht ist, müssen nothwendig sehr viele von den besten Keimen ersticken und kann manches Gute gar niemals zur Perfection kommen; für die Mehrzahl der Forscher und Denker wird die Hälfte der nöthigen Mittel verweigert und, weil das Soldatenwesen Millionen von Werthen verschlingt und für die Wissenschaft kaum einige lumpige Dreilinge übrig bleiben, oft genug nicht einmal ein unmissbares grösseres Druckwerk angeschafft, dessen Bedeutung für den betreffenden Gelehrten ausserordentlich, dessen Fehlen geradezu ein unersetzlicher Verlust ist.

Die Freiheit der Wissenschaft und ihrer Förderer kommt erst mit der Erlösung der Menschheit von dem Fluche des Mammon, mit der Höllenfahrt des Tantum-quantum und mit der Ersetzung des egoistischen Gesellschafts-Princips durch das sympathische.

§ 48.

Alle Forscher und Denker schreiben die Ergebnisse ihrer Arbeit nieder und theilen dieselben durch die Literatur der Oeffentlichkeit mit. In den Staaten des Tantum-quantum hängt die Publicirung der Druckwerke von dem Privatinteresse der Buchkaufleute und, für akademische Schriften, von den Mitteln ab, welche der Staat oder betreffende Verein zum Drucke hergiebt. Es wird somit begreiflich, dass auf der wissenschaftlichen Literatur ein schwerer Alp lastet, und dass gerade die Arbeiten, welche für Erkenntniss und Anwendung am bedeutungsvollsten sind, häufig genug mit den grössten Schwierigkeiten zu kämpfen haben.

Anders in den Staaten der Sympathie. Jeder Gelehrte, sei er Denker, Forscher oder Lehrer, geht mit seinem Manuscripte zu dem Obersten der Buchdrucker, und dieser giebt sofort die nöthigen Anordnungen wegen Ausstattung des Werkes, Zahl der herzustellenden Exemplare u. s. w. Ist das Buch fertig, so empfängt der Autor eine bestimmte Menge von Abdrücken zu seiner Verfügung und die anderen werden an die öffentlichen Bibliotheken, an die Buch-Magazine des Staates, an Gelehrte und Zeitungen vertheilt. Nachdruck ohne die geringste Veränderung ist natürlich überall erlaubt, und ebenso Uebersetzung in andere Sprachen.

Schul- und Volksbücher unterliegen vor Druck und Publication der Begutachtung und Erprobung durch einen Ausschuss von Fachmännern, und die Zeitungspresse ist, bei aller Freiheit der Bewegung und des Objectes, doch in Bezug ihres sittlichen Gehaltes der Controle einer dazu bestimmten Commission unterworfen..

Medicin und Gesundheitspflege.

§ 49.

Die Heilung der Krankheiten und die Erhaltung der Gesundheit des Einzelnen und der ganzen Bevölkerung ist eine der obersten Pflichten der Barmherzigkeit und muss darum ununterbrochen und intensiv von der Kirche wahrgenommen und ausgeübt werden, weil die Kirche der natürliche Mittelpunct aller werkthätigen Liebe ist.

Jeder Arzt, jeder Hygieiniker ist als solcher Priester der Kirche, und da diese letztere etwas Heiliges ist und sein muss, wählt sie auch nur solche Persönlichkeiten zu Aerzten und Hygieinikern, die ausser gediegener Kenntniss ihres Faches noch alle Eigenschaften sittlicher Vollkommenheit bekunden. Nur wirkliche Menschenliebe, verbunden mit lebendigem Interesse für den Beruf, darf den Menschen dazu bestimmen, Medicin und Hygieine als Lebensaufgabe zu erwählen.

Der Staat des Egoismus zählt die Ausübung der Medicin zu den Handwerken und bekümmert sich um Gesundheitspflege nur, weil durch dieselbe Steuer-, Arbeits- und Kriegsmaschinen erhalten werden. Solche erbärmliche Beweggründe sind dem Staate der Sympathie absolut fremd, und die, Medicin und Hygieine ausübenden Priester haben kein anderes Interesse, als das Menschenwohl zu fördern; sie haben kein Interesse daran, die Menschen krank zu sehen und sodann für Lohn, von dem sie selbst leben, gesund zu machen, sondern ihr ganzes Bestreben läuft darauf hinaus, die allgemeine Gesundheit in vollster Blüthe zu erhalten, Krankheiten energisch zu verhüten, und jenem Zustande der Seele Dauer zu sichern, an welchen die vollkommene Gesundheit des Einzelnen und Aller dauernd sich knüpft.

§ 50.

Es wird an jedem bewohnten Orte ein Arzt sich befinden, der gleichzeitig alle Kranken mit den Mitteln der Heilkunst und Gesundheitspflege versieht und die Functionen des Gesundheitsrathes ausübt. Demselben wird ein junger Priester des heilenden Berufes, der kürzlich seine Studien vollendet hat, beigegeben sein. Je grösser der Ort, desto grösser die Zahl der Hygieiniker und Aerzte, die denn in volkreichen und Hauptstädten ganze Collegien bilden und die öffentliche Gesundheit verwalten.

Alles, was therapeutisches und hygieinisches Mittel ist, wird von dem betreffenden Magazine des Staates in der benöthigten Menge einem Jeden geliefert und zu jeder Zeit. In allen grösseren Dörfern, in Marktflecken und Städten giebt es Filialen der grossen Heil-Magazine, Apotheken genannt, in welchen gut gebildete Glieder des Priesterstandes, Apotheker genannt, ihre Kenntnisse, Fähigkeiten und Kräfte dem Wohle der Gemeinschaft widmen.

Hebeammen, Krankenpfleger und Thierärzte, gleichfalls dem Priesterstande angehörig, befinden sich an allen bewohnten Orten, und werden nur aus wirklichem inneren Antriebe zu ihrem edlen Berufe geleitet.

Die Ausübung aller Theile der Heil- und Gesundheits-Pflege ist mit Aufopferung und Schwierigkeiten verbunden. Freilich reduciren sich Anzahl und Intensität aller Leiden bei Hinwegfall des Tantum-quantum und Eintritt der Sympathie und normalen Lebensbedingungen auf das Bedeutendste; aber immer wird es Erkrankungen geben, welche die vollste Sorgfalt des Arztes und Pflegers erheischen, die grösste Wachsamkeit des Hygieinikers herausfordern und die Nachtruhe des Arztes stören. Und kann der von innerem Berufe Erfüllte, von Liebe zur Menschheit Beseelte vor diesen Schwierigkeiten zurückschrecken, wenn in der Welt des Tantum-quantum der Egoist unerschrocken mit allen den tausend Uebeln der verhungernden und in Ueberfluss erstickenden Zweihänder sich balgt, um nur Mammon zu gewinnen? Nein, niemals! Es wird im Staate der Sympathie erst recht nicht an den edlen Heilkünstlern aller Art fehlen und nur wirklicher Enthusiasmus wird diese Braven dem schweren, aber göttlichen Berufe zuführen.

Regierung und Verwaltung.

§ 51.

In jeder Gemeinde giebt es ein Amt, welches für die öffentliche Ordnung und Sicherheit Sorge trägt, die Streitigkeiten der Bewohner schlichtet, die Güter empfängt und vertheilt, die öffentlichen und privaten Bauten leitet, und Alles wahrnimmt, was auf das Wohl des Organismus der Gemeinschaft Bezug hat, also die Vergnügungen lenkt und beaufsichtigt, die Verkehrsmittel dirigirt, die Herbergen und Gasthäuser verwaltet, und die verwaisten Kinder in Familien unterbringt.

Ein solches Amt, oder nennen wir dasselbe auch einen Rath, dürfte weit besser aus Freiwilligen inneren Berufes, welche die erforderlichen Kenntnisse, Fähigkeiten und sittlichen Eigenschaften haben, denn aus Wahl oder bürokratischer Bestellung sich recrutiren. Man wird am besten alle Diejenigen, welche Amtleute werden wollen, nachdem sie ihre Studien vollendet, in die Praxis führen und sodann Jeden auf den Posten stellen, für welchen er am meisten geeignet ist. Die Staats- und Gemeinde-Verwaltung hat mancherlei Zweige, deren jeder seine besondere Schulung und Praxis erheischt. In dem Reiche der Sympathie wird aber dieselbe relativ leicht sein, weil all' die tausend und aber tausend Schliche, Kniffe, Hinterthüren, Mauselöcher, Fangeisen, Widerhaken, Fallstricke, Netze, Apparate mit Selbstschuss, Vexirungen und Verdrehungen aus dem Jammerthale und der Hölle des Tantum-quantum völlig unbekannt sind.

Bei gut erzogenen, friedlich zusammenlebenden Menschen werden Friedensrichter, Polizei und andere Sicherheitsorgane nicht viel zu thun haben; denn Geld und Kauf sind absolut fabelhaft, Tausch ist als solcher ein Unding, und Verletzungen der Mässigkeit und öffentlichen Ordnung, Ruhe und Sicherheit können nur ganz ausnahmsweise vorkommen.

§ 52.

Die Aemter der Gemeinden stehen unter den Provinzial- und diese unter den Central-Aemtern, deren oberster Verwalter der Regent ist, einerlei ob derselbe König oder Dictator, Präsident oder Patriarch heisse.

Die Form des Staates der Sympathie und die Art der Regierung und Verwaltung kann nur die der Organisation unseres Nervensystems entsprechende, naturgemässe: die patriarchalische sein, welche in möglichst hohem Grade die Freiheit der individuellen Persönlichkeit achtet, ohne die allgemeine Wohlfahrt irgend einer Gefährdung preiszugeben. Bei allem Patriarchenthum, möge dasselbe eine noch so grosse Hingabe des Einzelnen an die Gesammtheit fordern, ist die Freiheit der Person doch um das Bemerkenswertheste grösser, als im Pfuhle des Egoismus, wo Alle, die frei zu sein glauben, die erbärmlichsten Sklaven des Mammon sind, und Alle, die keinen Antheil am Mammon haben, auf das Grausamste durch Gesetz, Sitte und Tradition gequält werden. Also, nur im Staate der Sympathie, wo der Mensch frei bei sich selbst einkehrt und der Liebe des Nächsten lebt, gesund ist an Leib und Seele, kann Freiheit zu Hause sein.

Höchst einfach werden die Beziehungen der Staaten zu einander sich gestalten, friedlich und gemeinsam werden die Bestrebungen derselben sein. Fehlt es dem einen Staat an Vorräthen, der andere wird solche hergeben ohne Aequivalent. Jeder wird die Producte seiner geistigen Arbeit ohne Frage bezüglich der Menge mittheilen. Jeder Mensch wird auf dem Boden, welchen er betritt, Bürger und zu Hause sein. Nicht Patriotismus wird die Menschen beseelen, sondern nur Humanismus. Es wird, kann und darf keinen Krieg geben, und Jeder, der zum Kriege auffordert, wird zu den Barbaren jenseits des Meeres oder sonst wo in die Verbannung geschickt.

Gerechtigkeit und Besserungswesen.

§ 53.

Gewaltthätigkeit, Hass, Neid, Verbrechen, Laster, werden in der neuen Gesellschaft äusserst spärlich, aber sie werden leider doch hier und da einmal vorkommen und die menschliche Gerechtigkeit mit der ihr nachfolgenden physischen und moralischen Heilpflege, oder dem Besserungswesen, herausfordern.

Mein Reich kennt den Blödsinn oder vielmehr die grausame Posse der Geschworenen-Gerichte und der Volksjustiz nicht. Der Verbrecher wird als Kranker und Verirrter betrachtet und, nachdem formell und kurz der Gerechtigkeit genügt ist, an Leib und Seele geheilt, erzogen, gebessert, oder, wenn unheilbar, in der Colonie der Gebrechlichen und Siechen von der Gesellschaft zeitlebens abgesondert.

In dem Augenblicke, in welchem das Tantum-quantum fällt und damit die Menschheit aus dem Sumpfe der Barbarei in den Garten wahrer Civilisation eintritt, kann die Staatsregierung umfassende Vorbereitungen treffen zu Hinwegräumung von mindestens neunzig Procent aller Zuchthäuser, Gefängnisse und Gerichtsgebäude, und ebenso auch neunzig Procent aller Beamten dieses Gebiets anderen Beschäftigungen zuweisen; denn mit dem Mammon hört der Anlass zu den meisten Uebelthaten und die Brutstätte der gefährlichen Classen der Bevölkerung auf, zu existiren.

§ 54.

Der Angeschuldigte verantwortet sich zunächst vor drei Richtern mit Hülfe eines von der Gerechtigkeitspflege ihm gestellten Vertheidigers. Man spricht den Angeklagten entweder frei, oder man verurtheilt ihn. Ist das Verbrechen schwer, so steht der Inculpat mit dem Vertheidiger vor dem Provincial-Collegium von fünfundzwanzig Richtern; ist das Verbrechen das schwerste, vor dem Central-Collegium von funfzig Richtern. Der Regent mildert die Schärfe des Urtheils, wenn dies angezeigt ist.

Jeder Verurtheilte findet darin seine eigentliche Strafe, dass er der Freiheit beraubt ist. Alles, was ausserhalb dieser Freiheitsentziehung liegt, fällt in das Bereich der Besserung. Je nach der Schwere der Missethat dictirt das Gesetz einsame Haft von der Dauer eines Tages bis zu drei Monaten. Sodann bringt man den Verbrecher in eine Colonie, beschäftigt ihn abwechselnd mit Land- und Hand-Arbeit, und erzieht, heilt, pflegt, bildet, veredelt ihn nach jeder nur möglichen Richtung, und entlässt ihn nach dem Eintreten von Besserung zur Probe, bei anhaltender Besserung definitiv.

Keines Verurtheilten Name dringe jemals zur Oeffentlichkeit; keiner werde an dem Orte oder in der Provinz, worin er den Weg der Ehre verlassen, verurtheilt und als Gefangener gewesen, auf freien Fuss gesetzt, sondern in eine andere, entfernte Provinz gebracht und dort entlassen. Gleichwie der Staat der Sympathie kein Todesurtheil spricht, so brandmarkt er auch keinen Menschen, der durch Beraubung der Freiheit die Missethat gesühnt und durch physische und moralische Besserung eine andere Persönlichkeit geworden.

Gemeinsames und persönliches Eigenthum.

§ 55.

Man unterscheidet beweglichen und nicht beweglichen Besitz. Beiderlei muss das Individuum haben, wenn es normal sich entwickeln soll. Aber der persönliche Besitz genügt noch nicht zu diesem Behufe; jeder Mensch muss auch noch Antheil haben an Eigenthum, welches allen Gliedern der Ortsgemeinde zusammen genommen gehört.

Der gesammte Grund und Boden des Landes gehört dem Staate; dieser giebt an jeden seiner Bürger, der volljährig ist und heirathet, ein Stück Land ab und ein Haus. Die Grösse des Grundstückes sowie des Hauses richtet sich nach der Art des Berufes und anderen Verhältnissen; so wird der Ackerbauer ein Landhaus mit ausgedehnterem Acker- und Wiesengrunde, der Geistliche, der Gelehrte, der Arzt, der Amtmann ein Wohnhaus mit Garten ohne Acker bekommen, der Handwerker ein für seinen Beruf passendes Haus mit Garten und etwas Acker. Grund und Boden besitzt, abgesehen von dem privaten Eigenthume jedes Familienhauptes, die Gemeinde. Alles, was zu Wald, Wiese, Heide, Landsee, Teich, Fluss, Meeresstrand gehört, ist gemeinsames Eigenthum und kann von Jedem nach den Regeln, welche dessen Erhaltung und Besserung zu befolgen nöthig macht, benutzt werden.

Persönlichkeiten, welche durch ihr Verdienst und ihre öffentliche Stellung hervorragen, bekommen kunstvoller erbaute Häuser, die für die obersten Lenker in Bildung, Kirche und Staat zu Palästen sich erweitern.

Jede Familie bewohnt ein ganzes Haus für sich und hat durchaus keine Verpflichtung, Fremde aufzunehmen. Man wird, wenn es davon sich handelt, elternlose Kinder und junge Leute in Familien unterzubringen, zunächst immer an kinderlose Eheleute sich wenden, und die allgemeine Humanität in Erziehung und Gesellschaft wird solche Eheleute bestimmen, den Wünschen des Amtes, der Kirche, u. s. w., entgegen zu kommen und die angenommenen Mitmenschen liebevoll zu erziehen, zu pflegen, zu bilden.

§ 56.

Es geht der Grundbesitz der Eltern nur auf diejenigen Kinder über, welche nicht in die Ehe eingehen und wegen Krankheit, Gebrechlichkeit, u. dgl. m., eine Familie nicht gründen können. Die in das active Leben tretenden Kinder männlichen Geschlechts bekommen in dem Augenblicke des Beginnens ihrer bürgerlichen Selbständigkeit Haus und Land, die weiblichen treten in den Mitbesitz der Güter ihres Gatten. Also bleibt der Grundbesitz der Eltern ausschliesslich den minder glücklichen Nachkommen bewahrt, fällt aber mit Aussterben derselben an den Staat zurück.

Niemand kann sein unbewegliches Eigenthum verschenken. Bei Auswanderung der Familie werden Haus und Land der bürgerlichen Gemeinschaft übergeben. Der Einwanderer bekommt von der Gemeinschaft Haus und Land. Tausch von Grundstücken im Geiste des verruchten Tantum-quantum ist absolut unmöglich und wäre, nach dem bisher Entwickelten, auch völlig sinnlos. Keinem grossjährigen normalen Menschen dürfen Haus und Land vorenthalten werden.

Alle Besserungen an Wohngebäuden und sonstigem Eigenthum werden vom Amte erbeten und auf Anordnung dieses letzteren von den betreffenden Fachleuten ausgeführt. Ist das Haus für die Familie zu klein, so wird selbes entweder vergrössert, oder die Familie erhält ein geräumigeres, wenn solches augenblicklich vorhanden.

§ 57.

Gleichwie alle andere Arbeit ununterbrochen vorwärts schreitet, so sind auch die Bauhandwerker immer thätig und erbauen in aller Gemüthsruhe alle für die Gemeinde nöthigen Häuser, Institute, Kirchen, Schulen, Landstrassen, Wasserleitungen, Brunnen, Hallen u. s. w. Da Jeder wohl erzogen, gebildet wird, und Hemmnisse der gewerblichen Kunst nicht bestehen, so wird auf den Bau aller Häuser und öffentlichen Stätten grosse Sorgfalt gewandt werden können, und demnach jeder Mensch nach allen Regeln der Gesundheitspflege und Aesthetik wohnen. Die Folge davon ist beträchtlichste Verminderung aller Krankheiten, Krankheitsanlagen, unsittlichen Neigungen und dunklen Leidenschaften, ist weiter Veredelung des Geschmacks und ausserordentlicher Nachlass des Triebes nach gemeinen, rohen Vergnügungen und Skandal.

Man wird Kirchen, Schulen, Rathhäuser und Paläste mit Aufwand aller edlen Kunst bauen und alle bewohnten Orte, von der Colonie bis zur Hauptstadt, mit Park- und Wald-Anlagen, Bewässerung, Zier- und gleichzeitig Nutz-Brunnen versehen; man wird Alles aus dem Gesichtspuncte der Gesundheits- und Schönheits-Pflege errichten und erhalten.

Die öffentlichen Gebäude sind Eigenthum der Gemeinschaft aller Bürger.

Niemand darf in einem und demselben Lande mehr als ein Grundstück sammt Haus besitzen; nur die, welche hervorragende Verdienste sich erwarben, bekommen zu ihrem Stadt- ein Land-Haus, oder zu ihrem Land- ein Stadt-Haus.

§ 58.

Das bewegliche Eigenthum erhält jeder Mensch aus den Magazinen des Staates, ganz nach Bedürfniss und, was über das alltägliche Bedürfniss des gesundheitsgemässen und ästhetischen Daseins hinausgeht, nach Verdienst um die Menschheit. Solches Verdienst wird durch jede Arbeit erworben, von der des Tagelöhners an bis zu der des Staatsmannes und Gelehrten.

Das bewegliche Eigenthum kann von dem Besitzer verschenkt und vererbt werden. Stirbt ein Mensch ohne natürliche Erben (Kinder, Gatte, Anverwandte) und hinterlässt keine testamentarische Verfügung, so ist der Staat Universalerbe.

Schenkung kommt niemals vor das Gericht; aber gewaltsame Aneignung der Habe des Nächsten wird als Raub bestraft, umsomehr, als keinem Menschen seine Lebensbedürfnisse vom Amte vorenthalten werden dürfen, die leiblichen so gut, wie die seelischen.

Arbeit und Vertheilung der Güter.

§ 59.

Es ist der Staat der Sympathie kein Arbeitshaus, der Bürger keine Arbeitsmaschine. Aber, da unser ganzes Leben und Weiterbestehen auf Arbeit sich gründet, auf Theilung der Arbeit, so müssen Alle thätig sein, und zwar Jeder muss dies in seiner Art, in dem von ihm erwählten Berufe. Jeder normale Mensch muss einen Beruf ausüben, einen unmittelbar oder mittelbar nützenden. Niemand braucht mehr zu thun, als seine Kräfte erlauben; von Niemand kann gefordert werden, in einer ihm fremden Richtung zu arbeiten. Jeder soll seinen Beruf gründlich kennen und gewissenhaft ausüben. Dem steht kein Hinderniss entgegen im Staate der Sympathie: Alle werden zu Fleiss, Gewissenhaftigkeit, Tugend erzogen, das volksverderbende Tantum-quantum mit seinem höllischen Mammon, der alle Tugend im Keime erstickt und vergiftet, ist absolut unbekannt, und Jeder lernt von Kindesbeinen an wissen und erkennen, dass ohne Arbeit kein Leben, keine Gesundheit, keine Harmonie der physischen und socialen Kräfte ist.

Die materielle Arbeit wird von Meistern, Gesellen und Lehrlingen vollzogen, im Hause des Meisters, in Fabriken, in besonderen Oertlichkeiten, oder sonst irgendwo und irgendwie, als dies bisher auch der Fall war, nur mit einem sehr bedeutenden Unterschiede gegen jetzt: es arbeitet Jeder absolut frei von Sorgen der Nahrung, versehen mit allen hygieinischen und ästhetischen Bedürfnissen, um der Sache selbst willen und für die

Menschheit. Die Arbeit hört somit auf, Last zu sein, und wird Bedürfniss, Freude, angenehmste Gewohnheit. Der gute Arbeiter wird öffentlich anerkannt, in der Geschichte seiner Stadt, seines Kreises, seines Landes ehrenvoll erwähnt.

Keiner kann Meister werden, ohne Geselle, Geselle werden, ohne Lehrling gewesen zu sein. Altgesellen und Meister sind selbständig, dürfen heirathen und bekommen Haus und Land. Im vierundzwanzigsten Lebensjahre wird der Geselle Altgeselle. Meister werden nach Bedürfniss von dem Amte erwählt.

Kinder und Frauen werden zu dem Betriebe von Handwerk und Fabrikation nicht zugelassen, und Frauen dürfen nur solche Arbeiten verrichten, welche mit ihrer Organisation nicht im Widerspruch stehen. Hochschwangere sind, gleich Kranken, von jeder Arbeit frei.

§ 60.

Man wird bestimmte Arbeitsstunden einhalten, Nachtarbeit fast ausnahmslos vermeiden, und den Sonntag würdig feiern. Der Arbeiter wird der Familie des Meisters oder Altgesellen enge sich anschliessen und in jeder Weise als Glied der Familie betrachtet werden. Er wird täglich Fortbildungs-Schulen, des Sonntags die Kirche besuchen, einmal die Woche zum Theater, einmal zum Concert, einmal im Monat zum Tanz geschickt werden, und täglich einige Stunden zu Ergehen im Freien und gymnastischen Uebungen bekommen, niemals aber ein Wirthshaus betreten können, — weil diese Anstalten wenigstens in dem bisherigen Verstande des Wortes, in meinem Reiche, gänzlich unbekannt sind.

Das Haus des Meisters oder Altgesellen ist für den Arbeiter das väterliche Haus. Möge der Arbeiter da oder dort thätig sein: er steht immer unter der Disciplin des Hauses, des Hausvaters, in der Sorge der Hausmutter, in der Gemeinschaft der Familie, und dies Alles bis zu dem Augenblicke, wo er selbst Meister oder Altgeselle wird, Haus und Land bekommt und eine Gattin heimführt.

Niemand darf Altgeselle oder Meister werden, der nicht mindestens drei Jahre lang ausserhalb seiner heimathlichen Provinz wanderte und arbeitete. Derselbe dreijährige Aufenthalt in der Fremde wird von den Genossen aller Berufe gefordert und ist die nothwendige Bedingung des Selbstständigwerdens.

§ 61.

Dienen ist nicht Knechtschaft, sondern Lernen und Helfen. Es wird immer Menschen geben, die entweder zu irgend welchem bestimmten Berufe untauglich sind oder den letzteren verlassen, weil sie nicht im Stande sind, demselben mit der nöthigen Ausdauer obzuliegen. Solche werden als Hausknechte, Bediente, u. s. w., der Gemeinschaft ihre Kräfte weihen, und bei Fleiss und gutem Willen ebenso anerkannt und geehrt werden, wie der beste Arbeiter. Auch diese Klasse von Staatsbürgern erlangt mit vierundzwanzig Jahren Selbständigkeit, bekommt aber Haus und Land auf dem Gebiete ihrer Herrschaft, von der sie natürlich nach bestimmter Kündigung sich trennen und anderweitig arbeiten kann.

Mit dem Dienen des weiblichen Geschlechtes möge es also sein: Jede Tochter, sie gehöre was immer für einer Familie an, verlässt für drei Jahre das väterliche Haus und findet Aufnahme in einer an Bildung und Ansehen gleich, höher, oder auch niedriger stehenden Familie. Dort hilft und lernt sie in jeder Beziehung, gehört zu der Familie, und bereitet sich, indem sie ununterbrochen Werke der Liebe vollbringt, zu dem künftigen Berufe als Hausfrau und Mutter vor. Ohne solches Triennium keine Erlaubniss zum Heirathen! Das Capitel der schlechten Dienstboten und besoldeten Feinde fährt mit dem Tantumquantum in den Abgrund der Abgründe!

Ledig bleibende, alleinstehende Frauenspersonen werden von selbst ihre Hülfe den Familien anbieten; denn Arbeit, Liebe und Gemeinsamkeit sind das Leibes- und Herzensbedürfniss eines jeden halbwegs guten und gediegenen Menschen.

§ 62.

Die geistige Arbeit entrückt sich mehr oder minder bedeutend den bisher entwickelten Normen der materiellen Arbeit, der directen ebenso, wie der indirecten, und kommt in anderer

Form zum Ausdruck, als diese. Ihre Producte fliessen nur in Gestalt von Büchern, Kunstwerken und Musikalien in die Magazine des Staates, und sind in jeder anderen Gestalt den Sinnen meistens nicht zugänglich; aber sie dienen dem Gemeinwohl im höchsten Grade und müssen nach aller und jeder Richtung hin anerkannt werden.

Einerlei, in welcher Form die Arbeit gethan wird, jede Art von Arbeit muss geleistet werden behufs Erhaltung des Daseins der Gemeinschaft. Die mittelbare und die unmittelbare, die greifbare und die ungreifbare Arbeit der Individuen kommt jedem Einzelnen und Allen zu Nutzen.

Alle sicht- und greifbaren Producte der Arbeit sammeln sich in der schon oben angedeuteten Art in den Magazinen der Gesellschaft an und werden an alle Individuen und Familien nach Maassgabe der Bedürfnisse vertheilt.

Da vorläufig nur die höchst entwickelten Nationen dazu befähigt sein können, das Staats- und Gesellschafts-Princip des Egoismus mit jenem der Sympathie zu vertauschen, so wird die neue Gemeinschaft genöthigt sein, mancherlei Producte, und darunter wichtige Lebensbedürfnisse, aus den Gebieten der alten Barbarei diesseits und jenseits des Meeres zu beziehen. Die Barbaren, einerlei für wie hoch gesittet sie sich auch halten mögen, werden Mammon oder Tausch fordern. Die Regierung der Staaten der Sympathie wird durch ihre Agenten die auswärtigen Producte durch Tausch erwerben lassen. Innerhalb des diesseitigen Gebietes aber bleiben Kauf und Tausch ebenso, wie der Versuch dazu, bei Strafe der Verbannung verboten. Die auswärtigen Producte kommen gleich den einheimischen zu allgemeiner Vertheilung.

Ehe und Familie.

§ 63.

In den Staaten der Sympathie werden Ehe und Familie als Heiligthümer geachtet. Gute Erziehung und der absolute Mangel aller Beweggründe der Habgier, sie werden die Ehe zu einem Bunde der Liebe gestalten und der Familie den herrlichsten Fruchtboden des Gedeihens sichern; sie werden die

Instincte der Menschen gesund erhalten und monströse Ehen verhüten, — Ehebündnisse, die in den Staaten des Tantumquantum eine mächtige Quelle des Unheils für manche Bevölkerung abgeben.

Keinem Jüngling, der das vierundzwanzigste, und keiner Jungfrau, die das einundzwanzigste Lebensjahr erreicht, kann es verboten werden, sich zu verehelichen, wenn beide nicht anderweitig verheirathet sind, nicht im ersten Grade der Blutsverwandtschaft stehen, wenn der Bräutigam einen Beruf hat und zurechnungsfähig ist, und die Braut einige Jahre ausserhalb ihres väterlichen Hauses auf den Ehestand und das praktische Leben sich vorbereitete. Unter gewissen Umständen kann von diesem letzten Erforderniss Dispens ertheilt werden.

Da die Bedingungen der Eheschliessung von jedem ordentlichen Menschen ohne Weiteres erfüllt werden können, Sorgen der Nahrung niemals in Frage kommen, das Leben überhaupt gesichert ist, so ist nur die legitime Ehe die Form der Vereinigung der beiden Geschlechter, und die wilde Ehe verboten.

§ 64.

Alle Streitigkeiten der Eheleute unter einander sucht der Friedensrichter beizulegen. Derselbe ist auch die Person, welche die bürgerliche Trauung vollzieht und, wo dies unerlässlich, die Ehescheidung vornimmt.

Obgleich Niemand gezwungen werden kann, in der Kirche durch den Priester den Ehebund sanctioniren zu lassen, so wird doch die Erziehung darauf hinwirken, die Segnung der Ehe durch die Kirche als einen für das ganze Leben bedeutungsvollen und darum auch unerlässlichen Act aufzufassen, denselben freudig zu begehren und ehrfurchtsvoll zu begehen.

Es ist ganz zweifellos, dass mit der Höllenfahrt des Tantumquantum und mit dem Erstehen der neuen, der sympathischen Gesellschaft auch die Prostitution der Frauen mindestens neunzig Procent ihres Gewichtes verlieren werde. Im weiteren Fortschritte des Guten wird diese Abnahme auch auf die letzten zehn Procente sich beziehen und schliesslich nur ein Minimum zurückbleiben. Dieses aber dürfte kaum sich austilgen lassen, weil der Drang des Geschlechtes schon vor der Grossjährigkeit auftritt und bei Gelegenheit von Reisen, Kunstgenüssen, Erheiterungen etc., stärker sich geltend macht. Dieses Minimum der Prostitution muss sodann der Gesundheits-Rath auf das Genaueste beachten und Alles so einrichten, dass keiner Partei irgend welcher physische oder moralische Nachtheil erwachse, noch auch Aergerniss gegeben werde.

Reisen, Verkehrsmittel, Herbergen.

§ 65.

Gäbe der Staat der Nächstenliebe absolute Freiheit des Reisens, so müssten, anfangs wenigstens, von jedem Centrum alltäglich hundert Eisenbahnzüge und funfzig Dampfschiffe abgehen. Es ist demnach geboten, das Reisen auf das Nothwendige einzuschränken, durch die Anstalten des Verkehrs wirklich dem Gemeinwohle zu nützen.

Jeder selbständige Staatsbürger ebenso, wie dessen Gattin, weisen durch amtliche Legitimation ihre Selbständigkeit bei Eintritt in die Hallen der Eisenbahn, des Dampfschiffes, u. s. w., nach, und nicht selbständige Personen bekommen von dem Amte Erlaubnissscheine zu der betreffenden Reise. In dringenden Fällen, bei Nachsuchen ärztlicher Hülfe, Vorweis telegraphischer Depeschen, etc., oder bei genauer Bekanntschaft der Persönlichkeiten, wird der Vorsteher der betreffenden Verkehrsanstalt von Forderung einer Legitimation absehen und ohne solche den Fahrschein ausfolgen, der als Ausweis für die ganze Reise, sie gehe noch so weit, dient. Für Reisen in barbarische Länder fordere man die Hülfe des Staates.

Alle Reisenden werden in den Stationshäusern oder auf Schiffen Morgens, Mittags, Abends mit den bestimmten Mahlzeiten versehen, die einfach, gut und reichlich ausgetheilt werden. Geistige Getränke werden nirgends und niemals verabfolgt. Nur für Schwache, wirklich Kranke und Genesende reservirt man belebende und Stärkungsmittel, die denselben nach Anordnung des Gesundheits-Officiers (Arztes) der Station, des Schiffes darzureichen sind.

§ 66.

Alle Anstalten und Mittel des Verkehrs besitzt, erbaut, erhält der Staat. Die zu dem Betriebe derselben nöthigen Persönlichkeiten finden genau ebenso sich zusammen, wie bei anderen Berufszweigen. Da im Staate der Sympathie der Grundsatz „Eile mit Weile" besteht, und der Grundsatz „Zeit ist Geld" nicht besteht, so können die Beamten der Verkehrsanstalten niemals überlastet sein, sondern mit aller Musse und Bequemlichkeit ihre Pflichten erfüllen. Es wird somit, da die rasende Eile des potencirten Egoismus aufhört, der Betrieb des Verkehrs mit der grössten Ordnung und Sicherheit vor sich gehen und von Unglück nur höchst ausnahmsweise die Rede sein; denn die Factoren der Uebermüdung und des Alkohols kommen absolut in Wegfall, und die Behandlung der Unteren durch die Oberen ist, bei aller Strammheit des Regiments (wie solche der Betrieb erfordert) eine höchst humane.

Post, Telegraph und ähnliche Einrichtungen stehen Jedermann zu allen Zeiten zu freier Benutzung offen. Jedoch darf, was den Telegraphen betrifft, Jeder dessen Benutzung nur für die dringendsten Fälle sich erlauben, weil anders die Beamten dieses Instituts unter der Last der Arbeit zusammen brechen müssten.

Durch strenge Disciplin in allen Verkehrsanstalten werden dieselben nahezu absolute Sicherheit darbieten. Ueberdies wird jene nicht von den Oberen besonders gehandhabt zu werden brauchen, weil sie aus der Gewissenhaftigkeit wohl gebildeter Menschen von selbst sich ergeben wird. Verbrechen kommen natürlich vor den Richter. Unterschlagung von Briefen, Depeschen, u. s. w., ist Verbrechen.

§ 67.

Es wird die bürgerliche Gemeinschaft an allen bewohnten Orten nicht nur Kirchen, Schulen, Hospitäler und Kunsthallen, sondern auch Herbergen bauen, bestimmt für die Reisenden, welche daselbst Obdach und Pflege finden. Jeder Reisende erhält sein Zimmer, aufmerksame Bedienung und einfache, gute und reichliche Nahrung, darf aber ohne besonderen, dem

Herbergsvater mitzutheilenden Grund nicht länger, als drei Tage, im Hause verweilen.

Man wird Menschen von hervorragender Stellung und Verdienst auch hier berücksichtigen, indem man ihnen zwei Zimmer einräumt und gewähltere Nahrung vorsetzt, falls sie dergleichen erbitten. Personen, die im Auftrage des Amtes reisen, ist der Aufenthalt in der Herberge ganz nach Bedürfniss gewährt; nur müssen sie dem Herbergsvater genaue Kenntniss geben.

Dieser letztere wird von der Regierung ernannt und ist öffentlicher Beamter, der nicht blos die Oekonomie des Hauses leitet, sondern auch Polizei ausübt. Jeder Reisende ist verbunden, der Hausordnung sich zu fügen und die Person des Herbergsvaters zu respectiren.

In der neuen Ordnung der Dinge ist das bisherige, innerlich durchaus unsittliche und räuberhafte Gasthofswesen absolut unbekannt.

Auszeichnung der Verdienstvollen.
§ 68.

Für den sagen wir heiligen Menschen bedarf es keiner Anerkennung, keiner Auszeichnung seines edlen Thuns und Wirkens; denn ein solcher lebt in dem Glücke, welches die Vollbringung des Guten ihm gewährt. Aber die grosse Mehrzahl der Menschen besitzt auch unter den besten Voraussetzungen dieses hohe Maass sittlicher Kraft nicht und bedarf zu weiterem guten Leben und Handeln eines Spornes: der Anerkennung, Auszeichnung.

Belohnung giebt es in dem Reiche der Sympathie nicht, kann und darf es nicht geben; denn Belohnung ist Tantum-quantum und dieses ist unbekannt. Mögen die Sklaven des Mammon für Edelmuth und Schurkerei Lohn bezahlen: wir wissen nichts von Lohn, wir lehren, dass jede gute That ihren Vollbringer beseelige; aber wir machen der menschlichen Schwäche nothgedrungen eine Concession, indem wir, gleichsam um das Räderwerk der socialen Maschine zu ölen, das Verdienst auszeichnen.

Jeder, der in irgend einer Art sich verdient machte, sei

es in häuslicher Arbeit, in Landbau, Handwerk, Kunst, Wissenschaft, Kirche, Regierung, etc., wird in der Zeitung ehrenhaft erwähnt oder diplomirt. Dass der wirklich höchst gediegene Mensch jede Auszeichnung ablehnen und in Vollbringung des Guten selbst die wahre Genugthuung und Befriedigung finden werde, versteht sich von selbst. Und so dürfte denn im Laufe der Zeit der Drang nach Auszeichnung immer mehr und mehr sich abschwächen.

Classe und Stand.

§ 69.

Ob auch alle Staatsbürger vor dem Gesetze gleich sein mögen, in Bildung, Beruf, moralischer und öffentlicher Bedeutung werden sie niemals einander gleich sein. Aus diesem Grunde wird es immer Classen geben und Gruppen; aber diese werden niemals schroff einander gegenüber stehen und gegenseitig einander ausschliessen, sondern im Laufe der Zeit immer mehr das Gefühl der Solidarität hegen.

Da die Standeswahl nicht von äusseren Zufälligkeiten, sondern nur von den natürlichen Fähigkeiten abhängt, und die Erziehung in Haus und Kirche aller hochmüthigen Ueberhebung, allem eingebildeten Dünkel entgegen arbeitet, so wird die grössere Bildung und höhere Stellung des Einen weder direct noch indirect das Lebensinteresse des Anderen beeinträchtigen, sondern geradezu in höchstem Maasse fördern.

Ist es die Absicht der bisherigen wirklichen Aristokratie, Bedeutung zu behalten und wohlthätigen Einfluss auf die moralische Entwickelung der Gesellschaft zu üben, so muss sie an die Spitze des geistigen Fortschritts zu gelangen suchen und alle höheren Interessen der Menschheit auf das Intensivste fördern.

§ 70.

Mit dem Falle des Tantum-quantum werden die gegenwärtigen politischen, socialistischen und kirchlichen Parteien zusammenbrechen und aus der sogenannten Gesellschaft die unreinen Elemente grösstentheils ausscheiden. Und dies wird das höchste Glück für die Menschheit sein; denn die unreinen Elemente, welche gleich Pilzen aus den sterblichen Resten der zu Tode gemarterten Opfer emporwachsen und, feigen Raubvögeln gleich, überall Beute suchen, wo sie Todeskampf oder auch nur Lebensschwäche sehen, diese Verruchten, welche im Dienste des gemeinsten Egoismus mit unerhörter Grausamkeit und Gewissenlosigkeit die Hälfte der Menschen quälen und die eine Hälfte gegen die andere zu blutigem Kriege und hinterlistiger Verfolgung hetzen, diese Vampyre, welche als Mäcene sich ausgeben und die geschworenen Feinde alles Guten und Grossen sind, — werden niemals mehr es vermögen, die wahre Aristokratie des Herzens, des Geistes und des Leibes zu verpesten.

Jeder in Bildung von Geist und Herz Vollkommenere wird es für seine Pflicht halten, den minder Vollkommenen durch Lehre und Beispiel zu sich empor zu ziehen. Niemand wird auf seinen Mitbruder mit Verachtung oder Geringschätzung herabsehen; keinem Guten und Weisen wird der Zutritt zu der Auswahl und Spitze der Gesellschaft verwehrt sein. Auf diese Art nur können die Unvollkommenheiten und Ecken dieser Welt der Freude und des Schmerzes sich vermindern und die moralischen Bedingungen unseres Daseins besser werden.

Schluss.

§ 71.

Der Uebergang vom Egoismus zur Sympathie vollzieht sich auf allen Gebieten des physischen und moralischen, des privaten und des öffentlichen Lebens zugleich. Der Staat baut Häuser, denen Gärten und ein Stückchen Land beigegeben werden. Hierselbst ziehen alle die Familien ein, die gegenwärtig entweder zur Miethe wohnen, also eigenen Grund und Boden nicht besitzen, oder deren jetziges eigenes Obdach den Regeln der Gesundheitspflege zuwider läuft. In dem Maasse, als die neuen Häuser an Zahl zunehmen, werden auch die jetzigen Besitzer von zweifelhaft hygieinischen Wohngebäuden mit neuen Häusern versehen und übergeben die alten dem Staate. Dieser lässt alle zweifelhaft gesundheitsgemässen und ausgesprochen gesundheitswidrigen Gebäude der Erde gleich machen und andererseits die bewohnten Orte im Geiste der Hygieine und Aesthetik umgestalten.

Die bürgerliche Gemeinschaft erbaut Central-, Provinzial- und Local-Magazine und setzt alle die gegenwärtig mit Handel und Verkauf beschäftigten Persönlichkeiten als Beamte daselbst ein.

§ 72.

Von einem bestimmten Tage an werden alle Waarenvorräthe des Handels, der Fabrication und der Gewerbe, alle Ueberschüsse der sicht- und greifbare Producte liefernden Arbeit den Local-Magazinen überliefert, die sofort ein Quantum zu Austheilung an die Orts- und Kreisbewohner bereit legen, einen anderen

Theil bewahren und einen dritten an das Provinzial-Magazin überliefern. Diese erste Arbeit ist in zwei Wochen beendigt. Mit diesem Augenblicke hört das Geld auf, als allgemeines Tauschmittel zu gelten, verliert überhaupt alle und jede Bedeutung, wird eingezogen, und alle Banken, Geld-, Leih-, Pfandgeschäfte werden geschlossen, deren Bücher confiscirt und verbrannt, und alle Pfänder gelangen an ihre Eigenthümer ohne Weiteres zurück. Aller Kauf und Tausch ist unstatthaft, und der Versuch desselben wird mit Verbannung bestraft. Das Tantum-quantum wird aus der Gesetzgebung getilgt. Es beginnt die Austheilung der Lebensbedürfnisse.

Mit jenem Augenblicke sind alle Anstalten und Mittel des Verkehrs in den Händen des Staates.

§ 73.

Aus den Schulen, aus der Kirche, aus dem Leben wird das Tantum-quantum gestrichen, von den Kanzeln herab, durch die Zeitungen und Volksbücher wird gegen das Tantum-quantum gepredigt und das Princip der Sympathie in sein heiliges Recht eingesetzt, nach allen Richtungen hin, in aller und jeder Beziehung.

Da man die Nächstenliebe aus der Religion in das Leben übersetzt und von der Theorie in die Praxis, bekämpft man auch die Thorheit des Klassen-, Stammes- und Rassen-Hasses, der bisher das oberste Werkzeug in der Hand der Despoten war, um das eigentlich nur illusorische und in seiner Ausführung ebenso grausame wie verruchte „theile und herrsche" aufrecht zu erhalten.

Die Kirche der Menschheit, der Staat der Sympathie, sie wollen weder theilen noch herrschen, sondern das allgemeine Beste fördern und jeden Einzelnen möglichst gut, weise, gesund und glückselig machen. Hierzu gehören aber nicht die Werkzeuge der Tyrannei und des Egoismus, sondern nur jene Mittel des Heils, welche Religion und Erkenntniss, höhere Gesittung und wahre Kunst liefern.

§ 74.

Der Staat der Sympathie ist ein Staat der Freiheit, aber auch ein Gemeinwesen der Disciplin. Er macht die Menschen gut, weise, gesund und glückselig, und damit innerlich frei, fordert aber von allen ohne Ausnahme gewissenhafte und pünctliche Erfüllung aller Obliegenheiten, aufopfernde Nächstenliebe und getreue Befolgung des Gesetzes; er fordert Disciplin des individuellen, des Familien- und gesellschaftlichen Lebens.

Kein Bürger wird im Gemeinwesen der Sympathie zu irgend einer Arbeit gezwungen; die Pflicht allein und das Gewissen sind es, welche jeden dazu treiben, selbst thätig zu sein und für das allgemeine Beste, für alle höheren Interessen der Menschheit zeitlebens zu wirken, durch die Arbeit, welche seiner Organisation entspricht und ihm ebenso angenehm ist, wie leicht wird.

§ 75.

Der Staat des Egoismus ist ein heuchlerischer, irreligiöser, äusserlich civilisirter, innerlich barbarischer, der nur aufrecht erhalten werden kann durch Gewalt und Brutalität; der bei der geringsten Krise schon Revolution seiner Eingeweide gegen das Haupt, des Hauptes gegen die Eingeweide und der Glieder gegen einander erlebt; der keinem Bürger wahre Sicherheit des Daseins bietet, und den Einen darin unterstützt, wenn er den Anderen zu Boden wirft und plündert; der auf dem Papier Freiheit, im Leben Sklaverei verkündigt.

Ganz das Gegentheil der Staat der Sympathie! Hier wäre Heuchelei völlig unnütz, grundlos; hier ist Religion der selbstlosen Liebe das alle Menschen verbindende Band, die Basis, der Ausgangs- und Zielpunct, und die Bedingung alles Lebens; hier waltet Harmonie der inneren und äusseren Civilisation; hier ist absolute Sicherheit normalen Bestehens und keine Möglichkeit wirklicher Gefahr durch Krisen; hier wird der Eine durch den starken Arm von Gesetz und Sitte gehemmt, dem Nächsten Leid zuzufügen, und durch die Allgemeinheit, durch Kirche, Erziehung und Gesellschaft unterstützt und angefeuert, dem Nächsten aus freiem Antriebe alles nur erdenkliche Gute zu thun; hier steht auf dem Papier strenge Disciplin und waltet im Leben wirkliche, gesunde und vernünftige Freiheit.